Une femme parmi tant d'autres

Tome 3

Enice Toussaint

Récit d'une vie aux multiples Facettes

Éditions Nouveau Siècle

Éditions Nouveau Siècle

La maison d'édition "Nouveau Siècle (ÉNS)" propose des œuvres sincères et personnelles où la liberté d'expression prime avant tout. À notre époque, malgré tous les conflits, nous vivons dans un monde de plus en plus unifié. Cela est en grande partie dû aux télécommunications et à une économie mondiale sans frontières. Cette nouvelle forme de réalité facilite les échanges entre les cultures et la conceptualisation d'une identité humaine enfin en harmonie avec elle-même.

C'est dans une telle vision de paix que cette maison d'édition entend promouvoir ses activités : publier des paroles personnelles, nées de l'expérience individuelle, souhaitant témoigner d'un monde en transformation. Pour avancer dans ce nouveau siècle, nous devons aller de l'avant sans craindre le changement, la différence, le fait d'être soi-même, ses pensées et celles des autres. Avec une telle philosophie, des mots vrais, même les plus simples, peuvent contribuer à nourrir le renouveau de notre monde.

Déclaration de mission de "Nouveau Siècle" : Partager les pensées et préserver les souvenirs…

Éditeur : Éditions Nouveau Siècle ENS Adresse courriel:

ediontionsens@gmail.com

Site Internet : www.enspublishing.com

Chef de projet : Natatsha Casimir

Conception de la couverture du livre : Natatsha, Elle-Camay C.

Reason et Max Casimir

Infographie de la page de couverture : Elle-Camay C. Reason

Photographie, Maquillage : Natatsha Casimir Conception du site

Internet : Audio Publishing

© 2001, Éditions Nouveau Siècle et Enice Toussaint

© 2004, Éditions Nouveau Siècle et Enice Toussaint pour la

traduction en anglais

Droits d'auteur

Éditions Nouveau Siècle ENS et Enice Toussaint

Tous droits réservés

ISBN: 978-1-80623-727-2 _ Imprimé

ISBN: 978-1-80623-726-5_ Livre numérique

Dépôt légal – 2er trimestre 2025
Droits d'auteur
Bibliothèque nationale du Québec
Bibliothèque nationale du Canada – Livre numérique

À la mémoire de ma mère. Pour mes enfants Natatsha et Max qui m'ont aidée à concrétiser

Ce projet d'écriture. À mes petits-enfants que j'adore. Puissent-ils chérir la mémoire de chaque vie

Et ainsi apprendre la persévérance.

Votre vie peut être remplie de joies et de satisfactions.

Nous ne devons pas permettre aux obstacles de détruire notre bien-être et notre bonheur.

Nous ne sommes vaincus que si nous acceptons la défaite.

Martin Gray

Le Livre de la Vie

Table des Matières

- AVANT-PROPOS 1
- Chapitre 1 2
  - Le lendemain de ma délivrance de Jacques. 2
  - Une évocation du passé 3
  - Mon évocation se poursuit. 5
  - Chez ma sœur, à la rue Mentana 10
- Chapitre 2 16
  - Notre maison à la rue Laval sur Le Plateau-Mont-Royal 16
  - Description de la maison à Laval, septembre 1995 16
  - Notre vie à la rue Laval (Plateau-Mont-Royal) 19
  - Et ce qui devrait arriver 30
  - L'accouchement de Natatsha 30
  - Noël 1995 dans à la maison rue Laval 36
  - Chronique d'une chute… imminente 36
  - Démarche de Jacques pour un retour de vie de couple 38
  - Préparations de notre départ pour Haïti 43
  - Cap pour Haïti 43
  - Notre départ pour Haïti escale à New York 48
- Chapitre 3 51
  - Ma vie en Haïti avec Jacques 1996 51
  - Une insoutenable épreuve 54
  - Je continue mon récit. 59
  - Les premiers pas en Haïti 61
  - Je continue mon récit 63
  - La deuxième étape de notre expérience en Haïti 68
  - Chez ma nièce Yolaine 68

    La désolante expérience cayenne (1996) 79
    Je continue mon récit. 83
    La préparation de mon retour à Montréal 88
    Un regard rétrospectif 96

Chapitre 4 99
    Un retour en solo à Montréal. 99
    De nouveau avec mes enfants 1996 99
    Un autre séjour en Haïti 105
    Une deuxième reprise avec Jacques. 105
    Les suites de l'opération de Jacques en Haïti 116
    Une nuit de Noël à la belle étoile, 1996 130

Chapitre 5 133
    Retour d'urgence à Montréal, le jeudi le 26 décembre 1997. 133
    Jacques se retrouve à l'hôpital Notre-Dame 133
    L'opération du bras de Jacques 142

Chapitre 6 148
    La vie à deux à la rue Port-Royal 148
    Vivre avec Jacques dans un 2 1/2 148

Chapitre 7 153
    Chez les religieuses 153
    Mon séjour chez les religieuses 153

Tome 3

AVANT-PROPOS

D'un style simple, ordinaire et limpide, l'Auteur présente sa biographie à l'attention du lecteur. C'est un récit captivant basé sur des faits et des événements réels et présentés de manière chronologique.

La description des lieux est vivante, invitant le lecteur, aux promenades et à la rêverie. Les personnages sont présentés à visage humain avec leurs qualités mais aussi avec leurs tares et défauts d'où transpirent souvent des pratiques et gestes inexplicables.

L'auteur décrit à travers sa propre vie, les méandres et péripéties de la femme en couple ; plus spécifiquement de la situation d'une majorité sans voix de toute nationalité. C'est une alerte lancée à cette société foncièrement machiste dont les manipulations sont à peine perceptibles.

Ce livre ouvre un vaste champ de recherche et de réflexion aux féministes et activistes de libération et de l'autonomisation de la femme.

D.M

Chapitre 1

Le lendemain de ma délivrance de Jacques.
Première partie

Dès le lendemain de mon départ de la maison, j'ai recommencé à écrire. À titre de preuve, voici ce que j'avais couché sur le papier.

Journal — 6 juin 1995
J'ai quitté Jacques

J'ai quitté Jacques le 6 juin 1995 à 11 heures 45, ainsi que mon fils Max. J'avais 60 $ en poche pour louer un camion de déménagement et pour en payer l'essence.

Après 19 ans de vie commune avec Jacques, je peux affirmer que je suis partie toute nue, avec seulement ma fierté et ma dignité. Je sais que Dieu va m'aider à m'en sortir : il est si généreux, ce Dieu.

J'ai décidé de mener autrement ma vie. Je deviens une autre Enice. La première petite Enice est restée dans le miroir chez Jacques et j'espère qu'elle n'en sortira plus jamais.

Je vais faire une promesse : moi, la nouvelle Enice, je décide de prendre ma vie en main, de prendre désormais soin de ma santé et d'oublier les souffrances que j'ai endurées depuis 27 ans, lesquelles ont commencé avec mon premier mari Tony. (Fin du journal)

Une évocation du passé

Le soir où j'ai quitté Jacques, je suis allée chez Vivianne et je suis restée pendant trois jours. La première nuit, j'ai fait beaucoup de cauchemars, mais j'ai quand même réussi à dormir. Je me sentais libérée et en paix. Vivianne s'est montrée très gentille avec moi, ainsi que ses filles, Marlène et Marie.

Dans l'un de mes rêves, j'ai vu un homme qui ressemblait à l'amoureux inconnu qui me berçait avec la douceur de ses yeux et de son sourire. J'étais comme dans un doux mirage, je me sentais bien. Pour rien au monde, je ne serais sortie de ce songe : je suis certaine que cet homme était mon ange gardien. J'ai été réveillée par la sonnerie du téléphone. Vivianne se trouvait à côté de moi parce que je m'étais couchée dans son lit.

Elle m'a informée que Jacques était au téléphone, qu'il voulait me parler et qu'il tenait à ce qu'elle me réveille. J'ai indiqué à Vivianne de lui répondre que je le rappellerais ; elle a raccroché. Mon message ayant été transmis, elle a raccroché. Elle désirait connaître la raison de l'appel. Je lui ai alors révélé les propos que Jacques avait tenus la veille.

La veille, il m'avait demandé de venir tôt le lendemain matin pour classer les dossiers de comptabilité, parce qu'un agent passerait les vérifier ; je devais également expliquer comment faire les comptes. Vivianne m'a aussitôt lancé : « Comment cela, tu viens juste de partir de la maison, il veut déjà te revoir ! Mais il se prend pour qui ? » Calmement, j'ai entrepris de rassurer Vivianne.

Vers 10 heures, le téléphone a sonné de nouveau. C'était encore Jacques, cette fois de très mauvaise humeur. Il m'a crié : « À quelle heure tu viens » je lui ai répondu : « Non, je ne viens pas ; si tu veux, appelle-moi pour un autre rendez-vous, et si je viens, il faut que Max soit disponible, parce que je ne veux pas te rencontrer sans la présence d'une tierce personne. » Il m'a dit : « je t'ordonne de venir tout de suite ». J'ai immédiatement raccroché.

Vivianne s'est exclamée : « Tu as bien répondu, bravo ! » ! Elle a ensuite souri. J'ai passé deux belles journées chez elle. Elle me faisait rire continuellement. Nous sommes allées faire de longues promenades. Comme il y avait une boulangerie près de chez elle, nous nous y sommes rendues à plusieurs reprises pour acheter du pain chaud. Nous allions aussi magasiner.

Je me sentais comme un oiseau qui a retrouvé sa liberté après avoir passé des années dans une cage. Au bout de trois jours, je suis allée vivre chez ma sœur avec Max. Tante Dédia m'avait invitée à aller passer deux semaines chez elle. Elle m'assurait que le séjour là-bas me changerait les idées et que Jacques me laisserait en paix. Pendant au moins quelques jours. J'ai accepté. Avant mon départ, j'avais convenu d'un rendez-vous avec lui, mais en compagnie de Max, pour le samedi 10 juin.

Mon journal

Samedi 10 juin 1995

Je suis chez ma sœur. Elle et mon frère Robert sont bien gentils avec moi, ils me gâtaient beaucoup. Nous sommes heureux. Je suis tout à fait sûre que ma mère dans l'au-delà s'en réjouit ainsi que mon père d'ailleurs. (Fin du journal)

Mon évocation se poursuit.

J'avais pris un rendez-vous avec Jacques pour mettre à jour les comptes de l'entreprise, alors que Max devait l'aider à ranger la cour. C'était pour le 10 juin.

Comme convenu, le samedi matin de ce 10 juin, nous sommes partis tôt parce que Max devait se présenter à son travail le soir. Ce matin-là, j'avais le cœur triste. Je ne ressentais aucune envie de voir Jacques. J'avais peur, mes mains étaient moites. Max s'en est aperçu. Tout en conduisant l'auto, il me serrait la main. Je comprenais son geste et de toute façon, lui non plus n'avait nulle envie d'y aller, mais il n'exprimait pas son état d'âme.

À notre arrivée, je me suis dirigée immédiatement vers le travail de bureau pour commencer le travail. Max est resté avec Jacques dans la cour. Je me dépêchais pour pouvoir tout terminer avant que Max parte à son travail. Jacques s'est montré gentil avec nous. Max et moi avons terminé en même temps, mais il fallait que je lui fournisse des détails sur tout le traitement que j'avais effectué dans les dossiers de la compagnie. Max, de son côté, ne pouvait s'attarder plus longtemps. Quant à moi, je partais pour New York le demain suivant, alors que le vérificateur s'amenait dans trois jours. Tout en m'assurant que la suite de notre entretien serait assez brève, Jacques exprima le désir de discuter de l'avenir de l'entreprise avec moi. « Ne crains rien, tu peux t'en aller, je ne ferai pas de mal à ta mère », promet-il à Max.

Max m'a aussitôt demandé si j'acceptais de rester. J'ai répondu que oui, mais pour seulement 15 minutes. Il est parti peu rassurer. Pour ma part, j'étais nettement sur la défensive.

Je me suis appliquée à tout expliquer à Jacques. J'avais classé les dossiers de façon très ordonnée, selon les semaines, les mois, et l'année. Il est revenu sur la question de l'avenir de la compagnie. Il tenait à ce que je continue de travailler avec lui pour que nous ne perdions pas la subvention gouvernementale.

Je l'ai laissé parler pendant quelques minutes, puis je me suis mise debout et je lui ai répliqué : « Écoute-moi bien, Jacques, je ne veux plus travailler avec toi et nous ne sommes plus associés. Pour la subvention, je n'irai pas au rendez-vous, tu peux aller seul. Je suis sûre que tu l'obtiendras parce que j'avais conçu un bon plan d'affaires pour toi. » Il m'a supplié. Je suis demeurée inflexible et je me suis dirigée vers la porte. Il m'a retenue avec force.

Il m'a signifié qu'il tenait à me parler de l'avenir de notre couple et de mon prochain voyage à New York. Je lui fais savoir que je me rendais justement à New York pour réfléchir sur le sujet. Il m'a demandé si c'est une séparation ou un divorce qui l'attendait. Je m'apprêtais à répondre, mais il m'a coupé la parole, en me lançant : « Je vais te dire une chose, si je dois vivre avec toi, il faudrait que tu élimines de ta vie ta sœur Irène et ta fille Natatsha. » À l'époque, Elle-Camay n'était pas encore née. Après m'avoir posé cet ultimatum, le porc, il voulait faire l'amour avec moi. Je l'ai repoussé en lui assénant un bon coup de poing, puis j'ai pris le chemin de la sortie. Alors qu'il tentait piteusement de s'excuser, je le lui ai indiqué qu'il était trop tard pour reconstruire notre couple. De retour chez ma sœur, j'ai relaté aux miens ce qui s'était passé.

Martine, la sœur de Jacques, était venue de New York avec son ex-mari pour me rendre visite. Ma sœur les avait invités à souper. Je leur ai raconté quelques incidents qui s'étaient produits avec Jacques.

Comme Martine devait retourner à New York le 11 juin, je lui ai proposé de faire le voyage ensemble. Voici donc les détails de ce voyage consignés dans mon journal de voyage.

Un séjour à New York

Le 12 juin 1995

Je suis arrivée à New York à 7 heures 15 du matin. Tante Dadia et sa fille Aldine étaient venues me chercher à la station d'autocars. Dès mon arrivée chez elles, avant même de déjeuner, je suis allée me coucher. J'ai dormi jusqu'à 14 heures.

J'ai passé sept jours merveilleux à New York avec tante Dadia et sa famille. Elles m'ont beaucoup aidée moralement ; elles m'ont fait retrouver ma confiance en moi ; elles m'ont amenée à des endroits que je n'avais jamais visités auparavant. Avec ses deux filles, Aldine et Délia, tante Dadia m'a amené magasiner ; elles ont acheté des cadeaux pour Max à l'occasion de sa remise de diplôme. Cela me convenait tout à fait puisque j'étais ainsi dispensée de faire moi-même ces dépenses. L'une des filles m'a demandé de signaler à Max que c'était la première fois qu'elle habillait un homme ; elle en était très fière. Le 21 juin, j'ai pris le chemin du retour pour Montréal avec le cœur emballé. 16 heures. Je prends une pause.

Fin de la pause.

__16 heures 20__. J'avais fait un petit arrêt en vue de me dégourdir les jambes. J'ai marché dix minutes dans le couloir. À *travers la fenêtre, j'ai admiré le beau soleil qui réchauffait la nature, et les feuilles qui tombaient. Malgré le soleil, la température était assez froide.*

Aujourd'hui, j'écris avec un esprit très calme ; je me sens vraiment bien. Je me suis libérée de lui et ressens une impression de douceur.

Je reconnais que tout n'est pas fini ; je pressens qu'il me reste beaucoup de choses à changer intérieurement. Je vais poursuivre mon activité d'écriture avec beaucoup plus d'entrain. C'est vraiment merveilleux, ce que je ressens actuellement.

Deuxième partie
Chez ma sœur, à la rue Mentana

Chez ma sœur, c'était très bien. Elle disposait d'une grande chambre à coucher qui comportait deux lits, mais elle et moi nous dormions ensemble. Max couchait dans un petit lit au salon. La chambre de mon frère se trouvait au fond de la maison. Celle-ci était dotée d'une grande terrasse dans la cour. D'ailleurs, la page couverture de mon livre, *une femme parmi tant des d'autres*, représente cette cour. À l'arrière, deux grands garages, dont les entrées, donnent sur la ruelle. Nous étions, tout compte fait, très bien installés.

De retour à Montréal, j'ai téléphoné à mon médecin pour obtenir un rendez-vous. Depuis New York, je ne me sentais pas bien. Je ne pouvais pas me concentrer et je ne cessais de transpirer, j'éprouvais de l'angoisse et je me sentais excrément nerveux. Ma sœur, mon frère, Vivianne, mes enfants et mes amis joignaient leurs efforts pour tenter de me rendre heureuse. J'étais entourée et choyée.

Jacques m'appelait fréquemment, mais je refusais de lui parler. Finalement, ma sœur lui a fait savoir qu'il ne devait plus appeler chez elle. Il l'a agonie d'injures. Ma sœur lui a raccroché au nez. Depuis lors, il n'a plus jamais rappelé. Je ne ressentais plus le moindre sentiment pour lui.

Quand j'ai rencontré mon médecin, celui-ci m'a demandé ce qui s'était passé dans ma vie. Je lui ai raconté l'histoire de ma séparation avec Jacques. Il a estimé que ce serait mieux pour moi et que tout irait bien désormais pour ma santé. Je dois signaler qu'alors que je cohabitais avec Jacques, il était mon médecin de famille ; mais il était en même temps mon thérapeute. Lorsque j'allais le voir, j'occupais près d'une heure de son temps pour lui raconter mes peines, ainsi que les méchancetés psychologiques, et physiques et sexuelles que Jacques m'infligeait. Je pleurais toujours en sortant de son bureau. J'étais surtout soulagée. Il me mettait en confiance. Il m'a prescrit cette fois-là des antidépresseurs, tout en me recommandant de ne pas en abuser. Vu que ma pression artérielle était élevée et que j'avais un point au cœur, il m'a envoyée passer un électrocardiogramme.

Aussitôt, j'ai commencé à prendre mes médicaments, je me suis sentie mieux. Cela tenait du miracle. Je me suis mise à sortir très souvent avec ma sœur.

J'ai passé un merveilleux été. Natatsha venait souvent me voir. Son ventre avait commencé à prendre de la rondeur. Max avait trouvé un petit contrat lié à son métier de dessinateur de plans. Sa copine venait fréquemment lui rendre visite.

La maison de ma sœur était un duplex. Elle avait loué l'appartement du haut à quelqu'un qui s'appelait Jean. Il était décorateur d'intérieurs. Comme il avait un ami qui était architecte, alors c'est par son intermédiaire que Max avait obtenu le contrat de cet ami. Jean n'était pas seulement le locataire d'Irène, il était un ami de la famille.

Il organisait des petites fêtes chez lui ; à l'occasion, j'y allais avec ma sœur. Celle-ci aimait recevoir ses amis chez elle et leur offrir de la bonne nourriture. Elle en préparait toujours trop, mais cela ne causait aucun problème : comme il y avait toujours des amis qui passaient à la maison, elle leur donnait le surplus. Elle s'en justifiait en me rappelant qu'elle imitait ma mère qui préparait toujours beaucoup plus de nourriture que prévu. Elle était toujours convaincue que quelqu'un allait passer. À la fin de la soirée, il ne restait effectivement plus rien.

Ma sœur aimait partager. À l'instar de notre mère. Moi aussi, je partage, mais je n'aime pas cuisiner. À l'époque où j'habitais avec Jacques, cuisiner était devenu trop exigeants. Cela m'a enlevé le goût de préparer la nourriture.

Entre-temps, un très désagréable problème avait surgi et prenait de l'ampleur. Même s'il continuait de vivre dans la maison, Jacques refusait d'en acquitter les dettes : le téléphone, électricité, hypothèque, etc. Il se trouve que malheureusement les frais de téléphone et d'électricité étaient à mon nom. Le domicile était encore très mal entretenu et d'une soutenable saleté.

Pour les factures d'électricité et de téléphone, j'avais finalement réussi à faire enlever mon nom, mais il fallait que je règle quand même les arriérés. J'avais pu négocier des ententes pour tout payer à mon rythme. J'ai bénéficié en même temps d'un supplément de revenu. Alors les choses s'annonçaient bien pour moi du côté financier. Ma sœur m'avait aidée à diminuer les montants sur mes cartes de crédit. Bref, tout compte fait, à la fin du mois, j'avais moins de paiements à effectuer.

Au mois de juillet, Max avait commencé à travailler à temps plein. J'en ai profité pour expliquer à ma sœur que, puisque mon fils aurait besoin davantage d'intimité, nous projetions de louer un appartement ensemble. Ce qui nous permettrait de partager les frais. Elle a reconnu que c'était une très bonne idée.

Quand j'ai commencé à consulter les petites annonces pour un appartement, ma sœur m'a offert d'aller faire un tout avec elle sur Plateau ; ainsi nous noterions tout de suite des pancartes de location d'appartements. L'idée m'a immédiatement plu.

Alors que nous cherchions les affiches indiquant « À louer », ma sœur m'a lancé : « Regardons aussi s'il y a des maisons à vendre. "Je lui ai répliqué : " Cela va prendre du temps avant que j'achète une maison. ; je ne dis pas non, mais pas pour le moment, on verra pour plus tard. » Elle m'a signifié de la laisser faire. « Comment ? » ai-je répliqué. C'est alors qu'elle m'a émis cette proposition : « Si j'achète une maison à revenus, Max et toi pourrez habiter au rez-de-chaussée ; avec un locataire au premier, la maison même pourra. Avec l'argent de vos loyers, je payerai l'hypothèque. »

J'en ai peu après parlé avec Max qui s'est montré ravi de l'idée. Nous avons trouvé une maison située à la rue Laval entre Rachel et Duluth. À dix minutes de marche de chez ma sœur.

La maison fut rapidement achetée. Il y avait le plancher à refaire, de même que la peinture et réparation de moindre importance. Notre ami Dédé et mon fils ont conjugué leurs efforts pour les exécuter. Ma sœur m'a amenée acheter des meubles, parce que j'avais laissé le plus clair de mon mobilier chez Jacques. Nous avons acheté un ensemble de salon, un lit baldaquin, un secrétaire et une chaise. Le four et le réfrigérateur et tout le reste, je les avais déjà.

La maison était bien aménagée. Pour le lit, j'avais confectionné des rideaux en mousseline et d'autres rideaux pour les fenêtres du rez-de-chaussée et celles du sous-sol. La chambre de Max était très grande. Il avait acheté un bel ensemble de chambres à coucher chez Brault et Martineau comprenant un lit grand format.

À propos de cette maison, j'aimerais vous en faire une description, aussi précise que possible. Nous y sommes entrés au mois de septembre 1995.

Chapitre 2

Première partie
Notre maison à la rue Laval sur Le Plateau-Mont-Royal

Description de la maison à Laval, septembre 1995

Notre propriété à la rue Laval était un duplex jumelé. Il y avait une ruelle à l'arrière où on pouvait circuler en auto ou à pied. Elle comprenait un sous-sol, un rez-de-chaussée et un étage. Il faut ajouter une cour assez spacieuse, dont une partie aimantée qui servait pour le stationnement de même qu'une barrière. Pour le moment, je ne disposais pas de voiture alors que celle de Max avait été mise à la ferraille depuis plusieurs mois. L'appartement du haut était loué à un jeune couple sans d'enfants.

Max et moi occupions les deux étages inférieurs. Le rez-de-chaussée comprenait trois chambres, un grand salon, une salle à manger, une grande cuisine et la grande chambre de Max au fond. Le sous-sol comptait une sortie arrière, une salle de lavage, un dépôt, des toilettes, deux chambres et un salon.

Nous étions en vérité bien installés et tout se passait très bien. Natatsha venait nous voir très souvent. Je dois signaler que je ne disposais pas de machine à laver. J'avais prévenu Jacques qu'aussitôt que j'aurais mon propre logis, je viendrais reprendre la machine à laver que je lui avais laissée temporairement.

Comme convenu, je l'ai donc appelé. Je lui ai indiqué que j'allais louer une camionnette pour transporter l'appareil. Il m'a proposé de me l'apporter lui-même. J'en ai parlé à Max qui a sonné son accord.

Je lui ai fourni mon adresse, tout en lui signifiant de m'appeler avant de venir parce qu'il devrait passer par la porte arrière. Je m'étais assurée que Max serait alors à la maison. Au jour prévu, il a apporté la laveuse et, aidé de Max, il l'a descendu au sous-sol. L'appareil installé, Jacques a rapidement compris que nous disposions de toute la maison. J'ai prétendu que nous en étions les locataires. Je ne lui ai pas offert de la visiter.

Quelques jours plus tard, il m'a appelé pour me signaler qu'il savait que ma sœur m'avait acheté une maison. Il s'est aussitôt mis à m'adresser ses reproches. J'ai réagi posément ; « Tu sais, quand tu seras calme, nous en reparlerons. » Et j'ai raccroché le téléphone.

L'incident m'a quelque peu troublée, car manifestement il y avait eu fuite. J'ai résolu de ne plus me confier qu'à des membres de ma proche famille. Peu après, l'un des clients de Jacques me téléphone pour m'informer que celui-ci avait quitté la maison pour louer un appartement. « Selon L'intention de Jacques, a-t-il ajouté, si ta sœur t'a acheté une maison, il cessera de payer l'hypothèque de la sienne, à moins que tu retournes à vivre en couple avec lui. » Tout en tâchant de conserver mon sang-froid, j'ai révélé à ce client que Jacques avait cessé depuis longtemps de payer la dette hypothécaire et que, de toute façon, je ne retournerais jamais vivre avec lui. J'ai ajouté que la maison où j'habitais n'était pas la mienne, qu'elle appartenait à ma sœur, que mon fils et moi nous étions des locataires de l'appartement du bas, et que nous acquittions chaque mois le loyer et l'électricité. Il m'a promis de transmettre le message à mon ex-conjoint et m'a souhaité bonne chance pour la suite des choses.

Je me sentais passablement inquiété. J'ai sans plus tarder à demander à Max de m'accompagner pour une brève vérification de la maison que venait d'abandonner. À notre arrivée, j'ai été stupéfaite de constater les repoussantes saletés qu'il avait dans la maison. C'était littéralement un dépotoir. Il était parti en laissant la tête de lit, l'ensemble salon et la petite salle à manger. J'ai donné la tête de lit à ma fille ; le salon, Max l'a vendu pour 50 dollars à un de ses amis qui emménageait dans un appartement. Nous avons tenté de replacer des effets, de ramasser ce qui trainait et de le mettre dans des sacs de poubelle. Différentes barres métalliques ont été rangées dans un coin de la cour. Notre voisin nous a appris que des employés de la Ville étaient passés pour s'enquérir de la nouvelle adresse du propriétaire.

Il nous a conseillé de placer les sacs de poubelle à côté de la barrière, en prévision du passage du camion à ordures. Max de son côté m'a émis cette alerte : « Mammy, sache que Jacques n'a pas fini avec toi. Il va te faire d'autres mauvais coups. » Il m'a avisée de rester vigilante.

Deuxième partie
Notre vie à la rue Laval (Plateau-Mont-Royal)

Je me rappelle que nous avons pris possession de la maison de la rue Laval à la fin du mois de septembre 1995. Tout allait très bien. J'aimais bien le quartier, on y trouvait de tout. J'avais en plus accès à deux églises : Saint-Jean-Baptiste à la rue Rachel, au coin de Drolet, et Saint-Jude à la rue Saint-Denis, au coin de Duluth. De nombreux magasins longeaient la rue Saint-Laurent. Je me déplaçais beaucoup à pied. Cela me permettait de me libérer mon esprit.

Chaque premier jour du mois, ma sœur, mon fils et moi nous réunissions pour traiter du loyer. Comme j'administrais bien mon budget, je n'éprouvais pas de problème d'argent, Max non plus d'ailleurs.

Je n'avais pas encore entrepris de décorer la maison. Un jour, ma sœur m'a amenée chez une antiquaire pour acheter quelques articles de décoration. J'ai acheté un centre de table, des chandeliers, une lampe antique pour ma table de nuit et un tableau. Ce sont des souvenirs que j'ai gardés longtemps. Max a finalement eu le tableau, Natatsha le centre de table et moi la petite lampe, le seul souvenir que j'ai jusqu'à maintenant conservé de mes effets personnels.

Ma sœur se montrait très bonne pour moi et pour mes enfants. Vu qu'elle travaillait à l'hôpital Sainte-Jeanne-d'Arc, elle passait souvent chez moi, et venait diner avec moi. Je la ramenais ensuite à son travail tout en profitant de l'occasion pour faire une promenade. Chaque jour qu'elle venait me voir, elle trouvait cependant quelque chose qui n'était pas à la bonne place. Je ne réagissais pas verbalement, mais je remplaçais mes effets à ma façon. De jour d'après, elle revenait sur le sujet : « pourquoi as-tu déplacé cette table (ou ce fauteuil) ? » Au fil du temps, son attitude devenait irritante et me peinait même. Mais, pour ne pas la froisser, je continuais de ne pas répliquer.

Jacques, quant à lui, me harcelait encore. Il me guettait partout. Il tenait à ce que je reprenne la vie de couple avec lui. J'ai tenté de lui expliquer que nous pourrions être amis, mais pas plus.

Il m'a répondu que s'il ne pouvait pas être mon mari, il n'accepterait pas d'être, mon ami. J'ai rétorqué que j'étais d'accord avec lui. J'étais très sérieuse, je ne ressentais plus rien pour cet homme.

Mais pour contrer son entêtement, je ne savais plus quoi faire et j'avais manifestement un besoin d'aide psychologique. J'avais par moments l'impression que quelque chose éclatait dans ma poitrine. J'avais commencé à perdre de sommeil. Parfois, pour dormir, je prenais deux comprimés somnifères. Cette boule dans ma poitrine me faisait atrocement souffrir. J'étais tellement préoccupée par mes problèmes que je ne remarquais même pas que ma santé était en défaillance. J'allais souvent à l'église pour demander à Dieu de venir à mon secours.

Un jour à l'église Saint-Jean-Baptiste, j'avais trouvé un dépliant relatif à un petit organisme, le Centre dû puis, situé au sous-sol de l'église et dont l'entrée donnait sur la rue Drolet. J'ai appelé : c'étaient des religieuses des sœurs du Bon Pasteur.

Je suis allée les rencontrer. Elles m'ont d'abord soumise à une évaluation, puis la directrice m'a indiqué qu'elle allait me mettre en thérapie de groupe avec sœur Monique. Le lendemain, 26 octobre 1995, j'ai commencé ma thérapie. J'y allais deux fois par semaine. Au bout d'une semaine, sœur Monique m'a dit qu'à partir de la semaine suivante, je suivrais une thérapie individuelle.

Il s'agissait d'une heure, deux jours par semaine. La première journée, sœur Monique m'a demandé de lui parler de mon enfance. Je l'ai regardée pour quelques secondes sans rien dire. Elle a insisté : « Oui, j'écoute. » J'étais en train de réfléchir. Elle continuait à me poser des questions : « As-tu une mère, un père, des sœurs ou des frères ? As-tu vécu avec tes parents ? Commence par ça. Ou, si tu préfères, raconte-moi une fois dans ta vie où tu te sentais heureuse. »

J'ai opté pour ma vie petite, avant la mort de ma mère. C'était toute une expérience parce que je n'avais jamais vraiment fait un retour sur ma vie antérieure, sur mon enfance ; je n'avais jamais eu le temps pour le faire.

Quand j'ai commencé à parler de mon enfance, je me suis sentie heureuse. Je ne voyais même plus sœur Monique, j'étais dans un autre monde, dans mon passé. Je revoyais tous les lieux ainsi que toutes les personnes que j'avais connues. Sœur Monique ne m'a pas interrompue. Mais rendue à l'étape de la maladie de ma mère, je me suis arrêtée. Je ne pouvais pas continuer, je ne voulais plus continuer. Elle m'a demandé ce qui se passait en moi. Je lui ai répondu que je ne me sentais pas bien, que j'étais trop fatiguée. Elle désirait en discuter un peu plus, mais moi, je ne le pouvais pas.

Ce n'était pas encore le moment du départ, mais j'ai annoncé à sœur Monique que je m'en allais, et que je reviendrais une autre fois. Je suis partie bouleversée, mais en même temps un peu plus soulagée d'avoir parlé un peu de mon enfance. Je ne dis rien à personne de ce qui s'était passé en thérapie. C'était mon secret, et c'était privé.

Entre-temps, je devrais aider Natatsha à préparer le trousseau de son bébé. Nous sommes allées acheter des tissus pour confectionner des draps, des rideaux et de tout ce dont elle avait besoin pour l'arrivée de l'enfant. Nous avons tout organisé ensemble.

Un certain temps s'était écoulé et tout à coup, Jacques a recommencé ces petits jeux, ce qui a fait resurgir mon stress. Je dormais mal. J'ai fait un terrible cauchemar le 28 octobre.

Voici ce que j'ai écrit à ce sujet dans mon journal.

Le 28 octobre 1995

Je me suis réveillée à 5 heures du matin parce que j'ai fait un songe qui m'a fortement stressée. Dans ce songe, j'étais avec Jacques et je faisais beaucoup de choses qui m'angoissaient et me fatiguaient. Quand j'ai ouvert les yeux, j'ai eu des palpitations.

Sur le coup, j'ai décidé d'écrire une lettre à Jacques au sujet de tout qu'il avait prétendu au sujet de son amour pour moi. Je lui ai confirmé que nos rapports resteraient tels quels et je lui ai recommandé d'entreprendre une thérapie. (Fin du journal).

Et voici la réponse de Jacques : « Je n'irai pas en thérapie, parce que je suis mon propre thérapeute. » J'ai continué quant à moi ma thérapie au Centre. Les religieuses m'ont proposé de faire du bénévolat. J'ai accepté. Je me rendais au centre deux ou trois fois par semaine de dix heures à midi. Je travaillais comme réceptionniste. Cela me faisait du bien de me changer les idées. Au fil des jours, j'ai suivi un cours de peinture chez les sœurs. J'ai découvert que j'avais du talent dedans.

En ce qui concerne ma thérapie, j'ai fini par traverser la frontière ou j'étais bloquée chaque fois que je devais parler de la mort de ma mère, un moment extrêmement difficile à revivre. Depuis son décès, je n'étais jamais retournée sur cette époque de ma vie. Disons que je ne voulais pas y retourner.

Quand ma mère a quitté ce monde, j'avais neuf ans et je me souviens que je n'avais presque pas pleuré. Lorsque, j'ai percé ce mystère en thérapie, j'ai pleuré durant toute la séance. Après ça, je me sentais soulagée. J'ai passé une bonne soirée chez moi en compagnie de mon fils et de ma sœur. J'étais de bonne humeur. Je signale que j'ai continué à me rendre au Centre pendant deux ans, de 1995 à 1997. Durant ce temps, il y a eu deux arrêts. Parallèlement, j'avais ma fille dont il me fallait prendre soin. Elle avait besoin de moi pour la conduire chez le médecin et j'allais l'aider ensuite chez elle quand son conjoint Patrick travaillait. J'étais donc très occupée. Je n'avais pas le temps de prêter attention aux caprices de Jacques.

Max m'a fait penser que je devrais mettre notre ancienne maison à vendre pour pouvoir rembourser Irène et la société de finance. J'ai trouvé que c'était une bonne idée. Je savais que pour vendre la maison, il aurait fallu terminer les travaux que Jacques n'avait jamais finis. Je savais aussi qu'il n'aurait pas voulu les faire et je n'en avais pas d'argent pour engager des professionnels pour le faire. Max et Irène on dit que Jacques avait brisé la maison, alors, que c'était à lui de s'arranger à faire les rénovations. J'étais d'accord, j'en avais trop fait, c'était à son tour maintenant. Mais, je savais que Jacques était malin cependant, j'allais lui en parler quand même.

Quand je lui en ai parlé, il était d'accord qu'on devrait mettre la maison à vendre. Je lui ai expliqué qu'avant de la mettre à vendre, il fallait terminer les rénovations qu'il avait commencées. Il m'a dit qu'il allait faire les rénovations de la maison seulement si j'acceptais de l'aider. Sinon pas de rénovation. Je lui ai fait savoir que j'avais besoin du temps pour réfléchir à cela.

J'en ai parlé à ma sœur et à Max, ce dernier m'a dit qu'il viendra quelquefois avec moi pour travailler, mais il n'a pas des outils ! Alors c'est Jacques qui les avait. Donc, j'ai appelé Jacques, et je lui ai informé que je l'aiderais, et que Max allait m'accompagner, et le jour qu'il me touchera ou qu'il fait des gestes indécents, je n'irais plus. Il était d'accord avec mes conditions.

Il travaillait à un autre endroit alors qu'on se rencontrait à la maison les après-midis, au moins 3 jours par semaine, jusqu'à ce que le travail soit fini. Au début, j'allais en autobus, mais, après un bout de temps, il m'a proposé de venir me chercher de chez nous. Il était gentil avec Max et moi.

Quelque temps après, il m'a offert une petite voiture qu'un de ces clients vendait. Il voulait l'acheter pour moi, mais je le connaissais trop bien pour ne pas accepter son offre. Quand j'en ai parlé à Irène et Max, ils m'ont dit de prendre le plus que je pouvais de lui, parce que tu as fait beaucoup de choses pour lui. Cette fois-ci, il faisait très attention à moi, et exécutait des choses un peu en dehors de son caractère habituel. Il faisait des choses pour me faire plaisir. Malgré ça, j'étais toujours sur mes gardes.

Parfois, il m'invitait au restaurant, mon fils pensait que c'était un signe qu'il avait changé. Quand même, je ne l'invitais jamais chez nous, et moi non plus je n'y allais pas chez lui. Quand on travaillait ensemble dans la maison, il me respectait et il a tenu parole ne pas me toucher. On dirait qu'il était un homme différent que le Jacques que je connaissais. Malgré tous ses gestes, je n'arrivais pas à avoir confiance en lui. Mon cœur restait fermé. Je ne voulais pas souffrir encore une fois. (Voici ce que j'ai écrit dans mon journal le 1er et le 2 novembre).

Le 1er novembre 1995 — Journal

Je suis allée chercher la voiture de Patrick à son travail, pour pouvoir sortir avec Natatsha. Nous sommes allées voir son médecin. Tout va bien, le bébé se porte bien, le col est dilaté d'un centimètre. Cela étant, nous sommes allées faire des commissions. Vers 15 heures 30, on est allée chercher Patrick au travail. Ils m'ont déposé chez moi. Après avoir préparé le souper, j'ai commencé à coudre la literie pour l'arrivée du bébé. À un certain moment, j'étais trop épuisée pour continuer, je suis allée me coucher.

Le 2 novembre 1995 — Journal

Aujourd'hui, j'avais rendez-vous au centre des femmes pour 15 heures, je l'ai renvoyé pour une prochaine fois. Ce matin, je suis réveillée à 8 heures. Vivianne m'a appelé pour me faire savoir qu'elle vient chez moi. Jacques aussi m'a appelé pour me demander à quel heur je serai à la petite maison, je lui ai fait savoir que j'y serai vers 18 heures. Après les avoir parlés, je me suis rendormie pour me réveiller à 9 heures 30. J'ai pris un bon café et un petit déjeuner.

Max avait un rendez-vous à midi avec un monsieur. Ce matin, je n'étais pas en forme, je me sentais encore épuisée, il était midi, je n'étais pas habillée encore. Vers 12 heures 15, Vivianne et le monsieur sont arrivés en même temps, sous une pluie torrentielle. Vivianne était trempée.

Le centre m'a appelé pour me demander si je pouvais rentrer demain matin pour les aider, j'ai accepté. Bien que je ne fusse pas en pleine forme, je savais que j'allais être mieux le lendemain et aussi cela me fait du bien d'y aller.

J'étais ravie que Vivianne soit venue. J'ai fait un autre bon café et je suis allée prendre ma douche très vite. Après j'ai invité Vivianne dans ma chambre pour que nous puissions causer tout en m'habillant. Après, nous avons dîné, parlé de tout et de rien et regardé l'émission le feu de l'amour. Vivianne est partie vers 15 heures. Je voulais faire une sieste avant d'aller travailler avec Jacques à la maison, je n'ai pas pu parce que j'étais trop fatiguer pour dormir. Cet après-midi-là, je suis allée travailler parce que je veux atteindre mon but, terminer la rénovation de la maison. C'était important pour moi. Je sais que si je ne vais pas aider Jacques pour la maison il n'aura pas été lui non plus. Alors je me sacrifiais pour m'y rendre. Je sais que Dieu va m'aider. (Fin du journal).

J'étais épuisée, j'avais toujours beaucoup de choses à faire ; mais, c'était la bonne fatigue. Pour aider ma santé, j'ai commencé à prendre des vitamines. Vivianne venait me voir quand j'avais le temps, et on s'amusait ensemble.

Journal intime
Le 15 novembre 1995

Je n'ai pas écrit depuis le 2 novembre, j'étais trop occupée avec le travail de la maison sur la rue Boyer. Et aussi je devrais aider ma fille à préparer son accouchement.
Vendredi le 10 novembre, Natatsha a eu de la contraction, nous l'avions emmené à l'hôpital à 2 heures du matin. Fausse alerte, nous sommes revenues à la maison à 9 heures samedi matin.

Le dimanche 11 novembre à midi, nous sommes retournés à l'hôpital, encore une fausse alerte. (Fin du journal).

Et ce qui devrait arriver

Je poursuivais les travaux de réparation avec Jacques dans la maison, mais, un soir quand nous avions terminé de travailler, il m'a tiré sur lui. Il m'a serré tellement fort que je ne pouvais pas me dégager. Il voulait m'embrasser, mais je ne voulais pas, alors j'ai serré ma bouche. Il a commencé d'arracher mes vêtements, je me débâtais, mais, il a fini par me violer. Je ne pouvais pas crier. Il n'y avait personne. J'avais envie de vomir.

Comme je n'avais pas de voiture, j'ai quitté la maison à pied, et j'ai pris le métro pour aller chez nous. Le même soir, il m'a appelé, je n'ai pas répondu, alors, il a laissé un message en s'excusant. Quand je l'ai rappelé, je lui ai dit que c'était mieux qu'on laisse les travaux pour après les fêtes et aussi je serai occupée à aider ma fille. Il était d'accord avec ma décision.

Troisième partie
L'accouchement de Natatsha

Après les fausses alertes, j'ai fait venir Natatsha chez nous.

Comme cela elle serait en sécurité et je n'aurais pas besoin de faire les va-et-vient. Patrick restait dans l'appartement chaque après-midi, il venait passer la soirée chez nous. J'allais moins souvent chez ma sœur. Je prenais soin de ma fille et Jacques ne m'appelait pas trop souvent comme je lui avais dit de me laisser en paix. J'avais l'impression qu'il préparait pour un autre épisode.

Natatsha et Patrick discutaient du nom de leur bébé. Natatsha ne voulait pas qu'il porte le nom de famille de Patrick, et cela le stressait. Pour clarifier le tout, je leur ai dit que le bébé, et leurs futurs enfants pourraient porter leurs deux noms. Patrick était d'accord avec moi.

Une semaine après la fausse alerte du 10 novembre, nous sommes allées voir son gynécologue. Je lui ai expliqué comment j'avais des problèmes quand j'ai eu mes enfants. Après avoir examiné ma fille, elle nous a informés qu'elle aurait encore deux semaines d'attente. Je lui ai parlé d'une possibilité de césarienne. Elle m'a dit qu'elle était capable d'accoucher son enfant sans en avoir une césarienne.

Quand nous sommes arrivés à la maison, elle est allée voir Patrick à l'hôpital, parce qu'il devrait se faire opérer pour la vésicule bélière, il avait fait une crise au foie, il était obligé d'entrer d'urgence à l'hôpital. À son retour, Natatsha se plaignait de la fatigue. Elle m'a dit ce soir qu'elle n'irait pas voir Patrick à l'hôpital. Le lendemain dimanche, j'ai préparé un bain pour elle et je l'ai aidé à rentrer dedans. Je m'inquiétais pour elle, je trouvais que sa figure avait changé et sa couleur aussi. Elle était comme enflée.

Elle m'a dit qu'elle voulait marcher jusqu'à l'église Saint-Jure et après, elle, aimerait aller chez ma sœur. J'ai appelé ma sœur pour lui dire de ne pas apporter la nourriture chez nous parce qu'après l'église, Natatsha et moi, nous allions venir chez elle. J'ai ajouté que l'idée venait de ma fille, pas de moi. Elle m'a supplié de faire attention.

C'était la fin de l'après-midi. En arrivant chez Irène, nous avons mangé. Ma sœur m'a dit que c'était mieux si l'on conduisait Natatsha à l'hôpital parce qu'elle n'aimait pas son état. J'étais d'accord avec elle.

Comme l'hôpital n'était pas trop loin, nous avons traversé le parc Lafontaine et nous sommes arrivées. C'était le 2 décembre, et nous sommes allées pour un simple examen. On voulait qu'il regarde les mouvements du cœur du bébé. L'infirmière l'a installée tout de suite dans la chambre spécialisée pour l'examen. Elle s'est aperçue que l'enfant ne bougeait presque plus et que le cœur était ralenti. Elle a sonné d'urgence pour appeler le médecin en chef, qui était arrivé deux minutes après son appel.

Le chirurgien a examiné Natatsha et nous a informés que le col n'avait pas dilaté. Il a dit quelques minutes après que le bébé serait mort si l'on ne l'avait pas emmené. En même temps, il a appelé son médecin. Il a parlé au médecin avec sévérité. Il lui a dit : « cette madame devrait avoir une césarienne depuis longtemps » ! Il n'était pas satisfait du travail de la gynécologue.

Entre-temps, j'ai appelé la mère de Patrick qui était au chevet de son fils à l'hôpital ; celui-ci venait juste de se faire opérer. Je lui ai recommandé de ne rien révéler à son fils. Je lui ai cependant tout expliqué. Elle m'a promis qu'elle sauterait dans un taxi pour venir tenir compagnie elle aussi à Natatsha.

À son a arrivée, Natatsha se trouvait déjà dans la salle d'opération. Une demi-heure après, l'infirmière nous a amené une jolie petite fille avec des yeux grands ouverts, et la figure toute formée qui bougeait ; on aurait même cru qu'elle souriait. Nous nous sommes donné une accolade ; nous avons sauté les trois ensembles et nous avons éclaté de joie et remercié Dieu.

Je l'ai pris l'enfant dans mes bras et je répétais ; « Merci, Jésus ! » J'ai oublié que la mère de Patrick et Irène était là et qu'elles attendaient leur tour pour prendre notre jolie petite fille dans leurs bras. L'infirmière nous a aussi informés que Natatsha se porte bien et qu'elle sortirait dans quelques minutes. Nous étions préoccupées avec notre petite miraculeuse.

Ma fille avait toujours pensé qu'elle donnerait naissance à un garçon. On a emmené Natatsha dans la chambre. Elle était à moitié réveillée. Je lui ai présenté sa fille en lui disant : « regarde ta belle petite fille ! » Elle a ouvert les yeux et elle a murmuré : « Une fille, comment cela, une fille ? » puis elle s'est endormie. A son réveil, elle était très contente de sa petite pouponne.

La mère de Patrick (Gerda) est restée avec ma sœur et moi-même jusqu'aux petites heures du matin. Nous avons laissé Natatsha avec le bébé à l'hôpital et Gerda est venue coucher chez moi. Le lendemain matin, elle s'est rendue à l'hôpital Sainte-Jeanne-d'Arc pour aller voir son fils et lui annoncer la bonne nouvelle. Elle n'aurait pas pu le faire la veille parce qu'il venait d'être opéré et qu'il n'était pas complètement réveillé.

Le lendemain, je suis moi aussi allée tôt à l'hôpital pour voir ma fille. Elle y est restée près de huit jours à l'hôpital parce qu'elle avait de la température. Je suis passée à l'église St Jude pour remercier Dieu, Saint-Jude ainsi que les autres saints, pour avoir sauvé mes enfants. En tout cas, j'avais failli les perdre ; grâce à ma vigilance, elles ont survécu.

À leur retour de l'hôpital, Natatsha et Patrick de même que leur nouveau bébé sont venus chez moi parce qu'ils ne pouvaient pas s'occuper eux-mêmes du bébé, vu leur état à cause de leur santé.

Une semaine après, cela allait mieux. Mais moi, j'étais complètement épuisée. Ils sont restés un mois à la maison. Avant leur départ, ma fille m'a donné un gros bouquet de fleurs pour me remercier.

Quatrième partie
Noël 1995 dans à la maison rue Laval
Chronique d'une chute... imminente

Durant le temps des fêtes, Natatsha et Patrick et leur fille étaient encore chez moi. J'allais de moins en moins chez Irène. Elle venait nous voir. Elle trouvait que ma maison était en désordre et que je laissais les enfants changer mes affaires de place. Je prétendais toujours que c'était moi la responsable de tout ce dérangement. Elle n'était vraiment pas contente.

À chaque jour de l'An, Irène reçoit toute la famille et ses amis chez elle. Ma fille et moi, avions alors décidé d'organiser une petite fête le 25 décembre au soir.

Les enfants avaient le loisir d'inviter leurs amis et leurs proches. Natatsha a invité un seul ami. Elle n'a jamais eu beaucoup d'amis, et cela, jusqu'à ce jour. De mon côté, j'avais invité Vivianne et ses filles ainsi que ma sœur, mais elle n'est pas venue. Quelques jours auparavant, Jacques était venu voir sa fille et le bébé. Il avait apporté une enveloppe qui contenait un petit montant en cadeau pour l'enfant il comptait ainsi se racheter. Il était venu se réconcilier avec Natatsha et Patrick. Il m'a demandé si j'acceptais d'aller prendre un café avec lui, car il avait des choses à me dire. J'ai accepté, il m'avait dit qu'il avait des choses à me dire.

Même alors, je ne l'ai pas invité à la fête. Il m'a incitée à réfléchir en me soulignent qu'il désirait reprendre la vie commune avec moi. Il m'a juré qu'il n'était pas le même homme, qu'il avait entièrement changé.

Jacques s'est mis à me rappeler continuellement pour savoir si j'étais prête à reprendre avec lui. Im me téléphonait constamment, et certains jours, à chaque heure de la journée. Il désirait instamment vérifier si j'étais enfin disposée à une réconciliation de notre couple.

Finalement, j'en ai parlé aux enfants. Ils étaient d'avis qu'il avait effectivement changé et que je devais lui donner une deuxième chance. Le soir avant le jour de l'An, nous sommes sortis ensemble, et il m'a ramenée chez lui. Il m'a forcée de faire l'amour avec lui, mais j'avais mal au cœur. Chaque fois qu'il cherchait faire l'amour avec moi, je me sentais malade. J'avais la pénible impression que je me trahissais moi-même.

Tout d'abord, je ne refusais donc pas faire l'amour avec lui et j'avais envie de vomir chaque fois. Je revoyais toutes les misères qu'il m'avait fait subir, je revoyais aussi ses trahisons. Je ne ressentais plus rien pour lui. J'ai souffert en silence, mais il a fini par me convaincre. Il a profité de ma vulnérabilité pour me séduire et me traîner dans son piège.

Retour au présent

18 heures 15. Je descends pour souper.

19 heures 15. En revenant du souper, je refais mes valises parce que je pars demain soir à 17 heures. Demain, je veux passer la journée à écrire. Je n'aurai pas de temps à consacrer pour aux valises et surtout je ne veux pas être stressée. Je suis satisfaite de mon travail. J'ai atteint le but que je me suis fixé. Je reviendrai prendre deux autres semaines pour l'achever ma tâche ou bien j'essayerai de continuer chez moi. Au moins, le premier tome est terminé, et j'ai commencé le deuxième. Je suis arrivée à l'année 1995, durant mon séjour ici, j'ai écrit sur 17 années de mon passé, de 1978 à 1995. Je pense que demain, je vais arriver à 1996. Je suis contente et fière de moi. Merci à Jésus.

Cinquième partie
Démarche de Jacques pour un retour de vie de couple

Après la fête de Noël, quelques jours avant le jour de l'An, j'ai appelé chez Jacques, il était absent. Je l'ai rappelé à son cellulaire, il a signalé qu'il avait à faire avant le jour de l'an.

Entre-temps, j'avais accepté la petite voiture Rabbit qu'il m'avait offerte. Le 31 décembre, j'ai décidé d'aller lui faire une visite surprise. J'avais prévu que s'il n'était pas chez lui, j'attendrais son retour à l'extérieur.

En arrivant, j'ai sonné ; personne n'a répondu. J'ai profité du fait que quelqu'un ouvrait la porte d'entrée de l'immeuble pour m'y faufiler. Je me suis figuré qu'il se pourrait que Jacques travaille dans le garage. Je me suis dirigée et j'ai vu sa camionnette. En montant l'escaliers, j'ai remarqué une voiture rouge qui entrait ; la personne qui la conduisait c'était Jacques. Il avait une jeune fille dame à côté de lui. Je suis sortie sur-le-champ de l'immeuble, je tenais à éviter qu'il me voie.

Je suis aussitôt remontée dans ma voiture, m'apprêtant à partir, Jacques est venu frapper à la fenêtre de mon véhicule, il désirait me parler. Je l'ai ignoré et j'ai vidé rapidement les lieux. En arrivant chez moi, j'ai entendu sonner le téléphone. C'était lui. Il a prétendu qu'il avait bien au paravent promis à cette femme et à ses enfants d'aller les chercher à Toronto les emmener au bal du 31 décembre. J'ai raccroché le téléphone. Je ne pouvais plus l'écouter, je me sentais trahie une fois de plus. Il continua de me téléphoner et je ne le rappelais pas.

Après les fêtes, il a poursuivi son harcèlement. Après plusieurs refus, j'ai fini par accepter. Je lui avais affirmé que je ne reviendrais pas habiter avec lui parce que je ne lui faisais plus confiance. Il a suggéré que, si je consentais à rependre avec lui, ce serait mieux que nous déménagions dans un autre pays. Il a cité Philadelphie et Haïti, en soulignant sa préférence pour Haïti. Mais selon moi, Philadelphie serait un meilleur choix, que nous pourrions acheter des maisons abîmées, les rénover et les revendre ou les louer. Il trouvait toutes sortes d'arguments pour privilégier Haïti. Je lui ai demandé avec quel argent il comptait aller vivre en Haïti. Il a lâché : « Avec ton argent que tu as mis en fiducie. » Je ne pensais pas du tout à cet argent que j'avais placé pour ma retraite. Jacques a poursuivi : « Tu ne sais même pas si tu vas vivre assez longtemps pour avoir de cet argent. » Je lui ai souligné le fait que si je touchais à cet investissement, je perdrais beaucoup en pourcentage d'intérêts. Il a répondu que ce n'était pas très grave, et qu'au moins j'aurais mon argent en main. Je lui ai promis que j'y réfléchirais.

J'étais manifestement une ignorante. Je n'avais jamais pensé qu'il était d'abord intéressé par mon argent. J'en ai parlé à mes enfants, qui m'ont demandé si j'étais vraiment disposée à retirer cet argent. Je les ai convaincus que c'était tout compte fait une bonne affaire. Jacques m'avait persuadée que c'était pour notre bien et que nous allions être heureux ensemble en Haïti. Quand je leur ai avoué que je voulais plutôt aller à Philadelphie, ils ont reconnu que c'était une meilleure idée que de retourner en Haïti.

J'ai reparlé de ma préférence pour à Philadelphie à Jacques, mais il ne voulait rien savoir. Avant que je lui donne ma réponse définitive et que je consente à sortir l'argent de banque, il m'a traitée aux petits oignons.

J'ai finalement enlevé toute la somme mise en fiducie, et je l'ai placée dans un compte courant. L'opération s'est avérée très couteuse. Jacques a dès lors entrepris des démarches pour la suite des choses.

J'étais embarrassée d'avoir à ma sœur que j'avais repris avec Jacques. Je lui ai écrit une lettre pour l'en informer. Un jour, je me suis rendue chez elle et je lui ai signalé que je lui avais écrit pour lui annoncer que je m'étais reconciliée avec Jacques, que j'allais vivre avec lui en Haïti. Je lui ai précisé qu'elle n'avait rien à craindre pour la maison : Max allait louer les trois chambres vides à des amis, des jeunes très fiables qui travaillaient et qu'il connaissait très bien.

Elle a réagi par des insultes. Je n'ai pas riposté parce que je connaissais qu'elle avait raison. Mais, en même temps, je n'étais guère conscience de ce qui se passait, j'étais comme dans un trou noir. Je ne saisissais pas le bon côté des choses. J'étais comme une personne en dépression. À signaler : je pensais toujours à partir au loin. Même en thérapie, je répétais constamment ce souhait. Sœur Monique avait tenté de m'éclairer. Elle m'avait mise en garde contre Jacques, mais depuis que j'avais recommencé à le rentrer, je me cherchais toujours des excuses pour esquiver mes séances de thérapie. Quand sœur Monique m'appelait, je prétextais que Natatsha avait besoin de moi. Un jour, elle m'a fait remarquer que ma fille était bien courante de mon état de fragilité psychologique. « Donne-moi le téléphone, je vais l'appeler. » J'avais objecté que ma fille ne disposait de téléphone. Elle avait alors conclu. « Je serai là si tu as besoin de moi, n'oublie pas de m'appeler. »

Retour au présent

21 heures : Je me suis approchée de à la fenêtre. Je parlais à ma sœur au téléphone. J'ai regardé par la fenêtre. J'ai vu un bateau qui naviguait sur le fleuve. Avec ses lumières allumées, c'était de toute beauté. On aurait dit un arbre de Noël ambulant.

Samedi 28 octobre 2006

9 heures 30. Je reviens du déjeuner. Je suis passée à la chapelle faire une dernière prière avant de retourner à Montréal. J'ai remercié Dieu de m'avoir fait profiter d'un bon séjour ici, dans cette atmosphère de paix. Si je me suis isolée pour écrire ces tranches de ma vie, c'est parce que je voulais être à moi toute seul, je voulais puiser de la source à l'intérieur de moi pour y mettre de l'ordre. En même temps, je désirais retrouver une sérénité et un calme intérieur. Je pense que je vais vraiment les retrouver et je m'en réjouis.

Un ami m'a adressé cette remarque : « Je ne pense pas que c'était nécessaire que tu t'isoles pour écrire. » Je lui ai répondu : « Tu sais mon ami, ce que je cherchais en moi, je l'ai retrouvé : une paix intérieure et j'en suis heureuse. » Je prends l'autobus de 14 heures. Je suis arrivée à Montréal vers 17 heures.

Sixième partie
Préparations de notre départ pour Haïti
Cap pour Haïti

Avant de commencer à emballer nos effets, Jacques moi avons glané des renseignements sur les conditions de transport par conteneurs. Nous avons fait la réservation d'un conteneur de 40 pieds. Nous disposions de deux semaines pour rassembler nos effets personnels, comme les outils de Jacques, les meubles, les vêtements, les voitures, etc.

On nous avait accordé 10 jours pour charger le conteneur. Nous avions donc très peu de temps pour tout préparer. C'était stressant. Jacques devait regrouper ses objets personnels, et moi les miens, alors que nous n'habitions pas dans le même logement, En autre, une partie de ses effets personnels se trouvait à Toronto, ce qu'il ne m'avait pas tout d'abord signalé.

Le chargement du conteneur était prévu pour un lundi. Le vendredi qui précédait, Jacques m'a annoncé qu'il devait aller récupérer ces effets-là à Toronto. Or, nous avions en principe fini de tout emballer. J'avais fait l'achat de nombreuses boîtes, de pièces de bois qui fonctionneraient comme supports pour les véhicules, etc. Je l'ai avisé qu'il n'avait pas le choix d'un voyage rapide aller-retour.

Il est donc parti un vendredi. De samedi pas de nouvelle. Je l'ai alors appelé à son cellulaire, mais il n'a pas répondu. L'inquiétude me gagnait. Au cours de l'après-midi, j'ai demandé à Max de tenter de le joindre chez cette dame de Toronto. Il l'a fait et indiqué qu'il désirait parler à son père. Jacques a aussitôt pris le téléphone, il m'a priée de ne pas m'inquiéter. Tout allait bien et il serait de retour le soir même. J'ai raccroché. Je ne pouvais pas croire ce qui venait d'arriver. Au milieu de la nuit, mon téléphone a sonné. C'est lui. Il tient juste à m'informer qu'il est sur le chemin du retour.

À son arrivée, il s'est justifié : « Tu sais, il fallait que je me débarrasse d'elle en douceur. Ces gens-là sont tellement collants. » Je lui ai demandé s'il était sûr de ne plus être avec elle encore.

Sinon, j'annulais tout. Il m'a juré que non. Il était se montrait calme et affectueux envers moi. J'étais cependant saisie par le doute et je sentais la présence d'une barrière entre lui et moi. Mon cœur n'était plus à lui. Ce départ s'annonçait comme une aventure. J'étais dans les vagues. Ce soir-là, j'ai couché quand même chez lui, car nous devions dès le lundi matin aller vérifier si les personnes responsables avaient déposé le conteneur à l'endroit prévu, dans le quartier Saint-Michel.

Nous avions 8 jours pour tout mettre en place. Nous n'étions pas seuls clients. Mais la plupart des conteneurs avaient été loués par des commerçants tout à fait habitués dans les opérations de chargement. Notre conteneur m'a paru immense, J'ai suggéré à Jacques de solliciter les conseils des autres. Il m'a affirmé, qu'il savait comment s'y prendre. « OK, boss ». Ai-je soufflé.

Il s'est mis à installer un premier chargement. Un congénère s'est approché de lui. Après s'être présenté, il a signalé è Jacques qu'il s'y prenait mal. Celui-ci a paru étonné, « N'embarque pas beaucoup de choses immédiatement, a d'abord précisé son interlocuteur. Tu dois te procurer des solides plaques de bois et des planches pour bien stabiliser les véhicules, Installe une première voiture ; prépare ensuite un autre étage pour la deuxième.

Tout doit être strictement compacté. Évite de laisser le moindre espace de sorte que pas même une règle plate ne puisse s'y glisser. C'est que vois-tu, mon frère, à leur arrivée en Haïti, tous les effets seraient mélangés. Comme un vrai bouillon ! » L'homme a poursuivi : « Imagine une bouteille de fruits à moitié remplie, Tu la tourner à l'envers. Tous les fruits remontent à la surface ou restent en dessus. Un conseil : engage quelqu'un d'expérimenté pour t'aider. Sinon, tu n'y arriveras pas seule et tu ne termineras pas à temps le chargement complet du conteneur.

Jacques fixait l'étranger d'air sérieux : « Pour les bois, la séparation et autres, a-t-il admis, je suis d'accord avec toi. Mais pour charger le conteneur, j'y arriverai tout seul. » L'homme laisse tomber : « OK, boss » et s'est éloigné.

Lorsque Max avait un peu de temps libres, il effectuait des voyages avec Jacques et participait aux chargements. Des camardes de son travail et son petit cousin leur donnaient un coup de main.

Vers la fin, le curieux monsieur est revenu lui parler et l'a prié de transporter pour lui quelques effets personnels en Haïti. Il l'a ensuite aidé à terminer le chargement du conteneur. Au cours des derniers voyages, Jacques a tenté de prendre tout ce qui restait dans le garage et dans la cour de la maison de la rue Boyer. Mais il n'y est pas parvenu. Il a finalement laissé la cour dans un grand état de désordre, Au dernier jour, Ils sont venus chercher le conteneur et en l'a apporté sur le bateau en partance pour Haïti

On nous avait informés que la traversée durerait deux semaines. Cela nous laissait assez de temps pour préparer notre propre voyage pour Haïti.

Retour au présent
Retour à Montréal

__11 heures 50__. J'arrête d'écrire. A 12 heures, je vais dîner. À mon retour dans ma chambre, je n'écrirai plus. Je dois rentrer à Montréal. Je suis très contente de mon séjour. Je repars avec une paix dans mon cœur. J'ai hâte de revoir mes enfants et leurs conjoints respectifs, de même que mes petits-enfants. J'ai aussi hâte de rencontrer ma sœur, mon frère et les amis proches.
Je me sens comme animée d'une autre version d'Enice. Une version plus confiante et plus heureuse.

Moment présent
Montréal

Mercredi 8 novembre 2006

22 heures. Depuis mon retour à Montréal le 29 octobre 2006, je n'ai pas écrit, non parce que je n'ai pas eu de l'inspiration, loin de là. Les idées prennent forme, elles se bousculent dans ma tête avec une envie folle de sortir. Il reste que moi, je ne suis pas encore disposée, j'ai des affaires personnelles à résoudre, ce qui m'empêche de continuer.

Cette fois-ci, j'ai décidé de ne pas m'isoler pour écrire cette partie de ma vie. Je suis dans ma chambre assise devant mon secrétaire qui fait face à la fenêtre. J'écoute une bonne musique inspirante et paisible, tout en écrivant.

Septième partie
Notre départ pour Haïti escale à New York

Les conteneurs partis, nous avons pris une semaine pour les derniers préparatifs de notre voyage. Vu que les billets d'avion n'étaient pas très couteux, nous avons profité de passer par New York.

Entre-temps, Jacques et moi sommes restés dans nos logis respectifs. J'ai préparé mes valises. J'en ai profité pour rappeler à Max de payer mes comptes à Montréal et m'assurer que les chambres soient louées avant mon départ. Bref, tout a été bien planifié.

Deux jours avant notre départ pour New York, Jacques m'a fait cette suggestion : « Par précaution, afin de ne pas manquer d'argent, tu devrais mettre tous tes bijoux en gage. » Sur le moment, j'ai hésité. Il alors ajouté qu'a dit qu'à mon retour, je pourrais les récupérer et qu'en cas de nécessité, les enfants iraient me les chercher.

Encore une fois, je l'ai écouté. J'ai tout mis en gage. Il me restait deux bijoux que je ne voulais pas risquer, mon alliance et le bracelet que mon fils m'avait donné en souvenir de l'obtention de son premier emploi. Jacques a insisté pour que je les donne en gage, eux autre aussi. Je n'ai rien pu garder. J'ai été ensuite obligée d'acheter des bijoux dits synthétiques en vue d'en porter.

Eh bien, figurez-vous j'ai tout perdu, comme tout le reste. A mon retour d'Haïti, j'ai tenté de les ravoir, mais un mois trop tard. Le préteur sur gage m'a fait savoir qu'il les avait vendus et que je ne pouvais plus rien faire. Cette annonce m'avait causé une immense peine. J'étais révoltée. Cela, d'autant plus que je constatais que tous ces sacrifices avaient été inutiles, et étant donné les pénibles circonstances de mon séjour en Haïti avec Jacques.

Ces bijoux-là, je ne les aurai plus jamais ; Ils restent irremplaçables. Ils représentaient à mes yeux une inestimable valeur sentimentale.

J'aurais évidemment dû me fier à mon intuition. Mais je ne l'ai pas écoutée. J'étais alors en pleine confusion. Je ne voyais rien de clair et je n'écoutais personne d'autre que Jacques. Il agissait avec moi comme il ne l'avait jamais fait auparavant : attentif, affectueux, respectueux. Il m'a complètement embobiné.

Après avoir engagé mes bijoux, nous sommes partis à New York. En autocar. Nous sommes restés durant deux jours dans la métropole économique américaine, le temps d'acheter les billets d'avion et de nous apprêter au départ.

Plusieurs membres de ma famille new-yorkaise ont essayé de me convaincre d'annuler le voyage. Surtout tante Dadia. Je n'ai écouté personne. Je croyais faussement mais sincèrement qu'ils ne tenaient pas mon bonheur. Tante Dadia nous a conduits le 11 mars 1996 à l'aéroport Kennedy, ou nous avons pris l'avion pour Haïti.

Chapitre 3

Ma vie en Haïti avec Jacques 1996

Mon oncle Giordani est obligatoirement venu nous chercher à l'aéroport de Port-au-Prince. Il nous a amenés à sa maison, située à 15 minutes de l'aéroport.

Sa femme Ella semblait nous attendre impatiemment, ainsi que son fils de 7 ans. Elle nous a accueillis avec un extrême d'enthousiasme. Le garçon de cour débarquait nos bagages de la camionnette de mon oncle. Il les transportés à l'étage dans la chambre qui nous était réservée. Pendant quelques minutes, nous avons donné à mon oncle et à sa femme des nouvelles de la famille vivant à l'étranger. Ella nous a enduite montrer notre chambre. J'ai noté qu'elle mettait à notre disposition la chambre qui donnait sur la rue avec un balcon autour. Elle était spacieuse et aérée bien aérée.

La maison comprenait quatre chambres et des toilettes à l'étage supérieur au premier étage se trouvaient un cinquième chambre, une cuisine, des toilettes et une salle à manger. Une large galerie fait le tour de la maison bien encadrée de fer forgé.

À l'extérieur, juste devant de la maison, une petite boutique qui tenue par Ella. Deux entrées de garage de chaque côté de la boutique avec deux grandes barrières. Sans la cour arrière, la propriété comptait deux chambres, une pour la bonne et la petite servante, et l'autre pour le garçon de cour et le petit domestique. Enfin des latrines, une cuisine et la citerne d'eau.

Le gros inconvénient était que la rue était très achalandée par des voitures et des camions le jour comme le soir. Il en résultait un bruit constant et une permanente accumulation de poussière.

Nous nous sommes installés. Ella est venue un peu plus tard nous chercher pour le diner. Dès ma première nuit, je ne me suis pas sentie à mon aise. J'ai assez mal dormi. Jacques m'a fait l'amour rapidement, après quoi il s'est endormi. Contrairement à lui, je suis restée longtemps éveillée. J'étais inquiète sans savoir pourquoi. J'ai fini par m'endormir. Dès 5 heures du matin, notre voisin immédiat a ouvert sa radio au volume maximal. La circulation a commencé sur la rue, avec le bruit des camions et des voitures qui klaxonnaient sans cesse. Avec tout ce vacarme, je ne pouvais plus dormir. Je me suis réveillée pour aller m'asseoir sur la galerie. Je pensais à mes enfants. Et je me suis demandé, si c'était une bonne idée de venir vivre ici et si je réussirais à tenir longtemps.

Comme nos voitures n'étaient encore à la douane, nous avons demandé à mon oncle de nous prêter sa camionnette pour nous rendre et vérifier si le conteneur était arrivé. Après nous être fait prendre dans un d'embouteillage, nous sommes enfin arrivés à la douane. À notre grand soulagement le conteneur y était. Il ne nous restait qu'à le dédouaner. Eh bien, ce fut l'enfer, dès le début.

Nous avons passé trois jours à effectuer d'incessants allers-retours à la douane. Nous nous y présentions chaque matin, de 8 heures à 16 heures, sans résultats. Jacques évacuait sur moi sa frustration. Il m'invectivait en présence de purs étrangers Il était redevenu très insolent envers moi. Le deuxième jour, j'ai décidé que je n'y retournerais plus avec lui ; il n'aurait qu'à se débrouiller tout seul. Ce jour-là, je me suis remise à écrire pour bien consigner quelques faits.

Le 1er avril 1996
Journal

J'aimerais écrire aujourd'hui, mais j'ai de la difficulté, parce que j'ai tellement de choses dans ma tête et que le bruit des voitures et des camions m'empêche de me concentrer. Jacques est parti au centre-ville pour le dédouanement de nos effets. Il y restera toute la journée ; moi, je ne suis pas allée, parce qu'il est réellement ignoble avec moi. Il ne me parle presque pas, décidant qu'il n'a rien à me dire. Je ne le comprends plus : à Montréal, il était comme malade de moi, il était gentil, il m'appelait chaque soir pour me dire qu'il m'aimait, qu'il ne pourrait pas vivre sans moi, etc. Depuis que nous sommes en Haïti, c'est un autre homme. Il est arrogant, il pense seulement à lui. Moi qui pensais que nous allions avoir une vie tranquille, ce n'est pas du tout cela qui arrive. Il m'a même affirmé que je suis devenue un fardeau pour lui.

Une insoutenable épreuve

Force m'est de confesser qu'encore une fois ma résolution a été de courte durée. J'ai accepté peu après d'accompagner de nouveau Jacques à la douane haïtienne.

Nous sommes enfin parvenus à accéder au conteneur. Trois se sont mis à inspecteurs et vérifié son contenu en vue de fixer le droit que nous devions acquitter. Nous avons alors dû engager cinq employés de la douane ; la sœur de Jacques, et le garçon de cour sont aussi venus nous aider.

Nous avons passé une journée entière sous un soleil de plomb à décharger le conteneur pour transférer les effets dans un autre, tout en ouvrant chaque boîte selon les directives de douaniers. Il faisait une chaleur accablante. Après la vérification, nous avons dû graisser la patte aux inspecteurs pour obtenir une diminution des droits. Et payer les cinq commis. De retour à la maison, j'étais complément épuisée

Deux jours plus tard, nous sommes retournés pour terminer le dédouanement. Nous devions en même temps surveiller les éventuels voleurs à la tire, et Jacques ne pouvait payer qu'avec de l'argent liquide. Le déchargement achevé, la camionnette de Jacques et ma petite voiture se trouvaient cependant encore à la douane.

Nous avons ensuite loué deux camions pour transporter nos effets chez mon oncle. Durant tout le trajet, il nous a fallu garder l'œil ouvert pour éviter que les chauffeurs empruntent un autre chemin et que nous soyons victimes d'arnaque. Lorsqu'à notre retour chez mon oncle sa femme et lui ont vu trois véhicules lourdement chargés. Ils sont restés bouche bée. A l'expression réalité de leurs visages, j'ai pu lire : « : Où est-ce que vous allez mettre tout ça ? » En réalité moi aussi, j'avais fait la même réflexion. J'avais honte. Chaque fois que j'avais tente d'en toucher un mot à Jacques, il avait levé la main tout en me criant : « je n'ai pas besoin d'entendre ce que tu vas dire, tais-toi et ferme ta gueule. »

Tous mes conseils étaient jugés irrecevables. De guerre lasse, je l'ai dorénavant laissé faire. De leur côté, mon oncle et sa femme sont parvenus à classer tous nos effets.

Il y en avait partout : sur les galeries du haut et du bas dans le salon, dans notre chambre et dans la cour, etc. Sans compter les effets qui avaient été subtilisés au cours de dédouanement et de transport. Je me sentais embarrassée d'avoir causé autant de tracas à bien des gens.

Jacques, au contraire, ne se souciait nullement de perturber la vie privée des autres. Je lui ai suggéré de louer un entrepôt. « Trop de voleurs ! » m'a-t-il objecté. Ce n'était pas faux, mais il était évident que nous ne pourrions pas séjourner plus longtemps chez mon oncle. Je lui ai rappelé que c'est lui qui avait tenu à ce voyage en Haïti et que, pour lui donner satisfaction, je lui avais remis tout l'argent dont je disposais. C'est donc maintenant à lui de se débrouiller pour nous installer convenablement quelque part.

Il nous manquait de l'argent pour effectuer les dédouanement nos véhicules. Jacques a reconnu que nous devions trouver une solution. J'en ai parlé à mon oncle. Celui-ci a accepté de nous laisser utiliser l'une des entrées de ses deux stationnements pour y placer des objets à vendre. Dès le lendemain, nous avons démarré notre commerce impromptu. Croyez-le ou non, des acheteurs se sont aussitôt présentés. En deux jours, nous avons récolté assez d'argent pour dédouaner la camionnette, mais il restait encore la petite voiture.

Jacques était d'avis que nous pourrions la récupérer plus tard. Comptait garder un peu d'argent pour les dépenses personnelles. Il avait par ailleurs décidé de convertir la camionnette en taxi. Je n'étais pas d'accord mais mon objection importait peu à ses yeux.

La vie en Haïti devenait désagréable. Cette la chaleur constante continuait de m'incommoder, En autre, je ne me réhabituais pas à la mentalité de mes enceints concitoyens. Je me sentais sur une autre planète. Cependant, Jacques au contraire se plaisait vivement des inconnus de même qu'avec, les domestiques et les garçons de cour. Il semblait très heureux en Haïti. Il m'a, à un moment donné juré que rien au monde ne le ferait retourner à Montréal.

Malgré son attitude d'indifférence envers moi, le soir, il exigeait que j'aie des relations sexuelles avec lui. Il alléguait qu'il était de retour dans son pays, un pays chaud où on fait ce qu'on veut, et qu'ainsi je devais à tous moments satisfaire ses désirs sexuels. Et il enchaînait : « Ma fille prépare-toi, viens me donner ma vitamine. »

J'ai immensément souffert de son comportement. J'ai dès lors réalisé qu'en l'accompagnant en Haïti, je m'étais ingénument laissé prendre à son piège.

Dès la première journée de mon retour en Haïti, j'avais eu la forte impression que je m'étais trompée de pays. Je n'y étais pas revenue depuis 1987, cela faisait donc 10 ans. Comme de raison, bien des choses avaient changé.

Moment présent
Mardi 14 novembre 2006

17 heures 15. Depuis vendredi après-midi, j'ai fait un arrêt. Je ne pouvais plus continuer à écrire. J'étais préoccupée à d'autres sujets et j'étais un peu souffrante. Les enfants de Natatsha, Elle-Camy et Mikaël, vous aviez congé et vous êtes venus passer deux jours chez moi, le vendredi et le samedi. J'étais très contente de votre présence ; au moins, je me sentais moins seule. Le samedi soir, ma sœur et moi nous sommes allées souper chez notre amie Madeline.

Ce soir-là, je ne me portais pas bien ; c'est pour cela que je suis revenue vers minuit. Ma sœur m'avait invitée à dormir chez elle ; malgré ma fatigue, j'ai préféré aller dormir chez moi dans mon lit douillet avec mes six oreillers moelleux.

Dimanche, j'ai passé la journée chez moi en pyjama. J'ai médité et pensé à m'a situation. J'ai pris soin de moi de mon esprit. J'en avais besoin.

Je continue mon récit.

Jacques ne voulait pas m'aider à me réintégrer au pays. Au début, les choses allaient assez bien, avant l'arrivée de nos bagages en Haïti. Mais après le dédouanement, tout a changé. Je suis allée à Miragoâne, ma ville natale. En y rentrant, j'ai subi un choc au point que j'ai fait de la fièvre durant la nuit. La ville était sale. S'en dégageait une odeur presque indescriptible. La ville de Miragoâne que j'avais d'écrite dans le premier tome de mon livre avait un complément changé pour devenir un vrai dépotoir. Permettez-moi d'en présenter le nouveau portrait, aussi fidèle et objectif que possible

Miragoâne des années 1990 jusqu'à aujourd'hui

Comme je l'avais signalé dans le premier tome de livre, Miragoâne est l'un des cinq arrondissements du département de la Grande-Anse au sud de Port-au-Prince.

L'architecture de la ville ne s'est pas modifiée depuis ma première description. Mais l'atmosphère conviviale et chaleureuse, l'ambiance paisible et l'impeccable tenue des lieux n'y règnent plus. Pourtant son économie a grandement progressé. Avec ces gros bateaux qui accostent au port, remplis de marchandises, les autorités municipales pourraient fournir un effort pour réparer les routes et restaurer la salubrité de la ville. Celle-ci tient d'un vrai fond de dépotoir.

Deuxième partie
Le jeudi 16 novembre 2006
Moment présent

7 heures du matin. Vous m'excuserez, mes chers enfants, parce que ces jours-ci je n'arrive pas à me concentrer. Les idées s'embrouillent dans ma tête. Ce sont des événements que je voulais complément effacer de ma mémoire. Alors, dans mon effort pour les retrouver, j'éprouve d'angoissantes difficultés, et j'en souffre. Je demande à mon ange de me guider et m'accorder l'inspiration dont j'ai besoin. Je vais essayer de faire de la méditation et du Taïchi ; j'en tirerai sûrement profit.

Les premiers pas en Haïti

À notre arrivée en Haïti, nous sommes allés vivre chez mon oncle parce que c'était seulement lui qui acceptait de nous recevoir. Tous les autres membres de la famille étaient opposés à ce que je retourne vivre dans ce pays, surtout avec Jacques. Après seulement quelques jours passés avec lui. J'ai constaté qu'ils avaient eu pleinement raison.

Au bout de quelques jours en Haïti, je suis allée les voir tous. Il y avait ma nièce Yolaine et qui est médecin, qui habitait à Tabarre (la Plaine) dans une grande maison avec son mari Dane, son fils Samy et sa plus jeune sœur Karola. Et ma nièce Ofine qui est agronome et qui vivait elle aussi ; à La Plaine aussi avec son mari. Ma sœur Claire demeurait à 100 kilomètres de la capitale, à Miragoâne avec son mari Goslin.

J'ai aussitôt renoué mes liens familiaux avec eux. Jacques avait de la famille lui aussi, mais. Il ne sollicitait aucun service d'elle. C'était moi le pilier et le faire-valoir ; celle qu'il mettait toujours en avant lorsque venait le temps de prendre les grandes décisions.

Il se trouvait toujours en retrait pour m'indiquer quoi faire et à qui demander tel service. Il avait recours à moi seulement pour satisfaire ses ambitions et, ses désirs, ses besoins d'argent et pour le sexe, c'était tout. Il avait une façon de s'y prendre qui me poussait à me sentir obligée de lui céder. Il était très rusé. Il m'utilisait comme une marionnette !

Nous sommes allés acheter les plaques d'immatriculation pour la camionnette. Les démarches ont duré deux jours. Nous avons fini par les obtenir en versant un pot-de-vin à un fonctionnaire.

Entre-temps, Jacques a commencé à remonter sa remorque qu'il avait amenée en pièces détachées de Montréal ; il comptait s'en servir pour transporter quelques effets chez ma nièce Yolaine à Tabarre. Sur l'insistance de Jacques, j'avais auparavant sollicité de son mari un peu d'espace dans leur propriété pour y stocker une partie de nos bagages. Ils ont mis à notre disposition la plus grande pièce de la maison, qui devait leur servir de salon, mais qui était alors vide.

Il a fallu sept heures à Jacques pour remonter la remorque, avec l'aide du garçon de cour de mon oncle. Dès notre arrivée en Haïti, il a pris comme auxiliaire. Vers la fin de la journée, Jacques a entrepris de transporter quelques effets là-bas, d'abord les meubles, les appareils ménagers, les matériaux et des pièces d'équipement, etc. Le lendemain, il avait terminé. Il restait encore quelques accessoires chez mon oncle, mais ils étaient en vérité moins encombrants. Et comme nous logions toujours chez mon oncle, je me sentais un peu soulagée et bien moins gênée.

Moment présent

Bien des pensées se trouvaient coincées dans ma mémoire. Elles sont entièrement mêlées et veulent sortir en même temps. Tout cela m'énerve. J'ai en plus trop de choses à faire en même temps. Je me sens dépassée.

Je continue mon récit

Jacques, qu'on se rappelle, avait décidé de transformer la camionnette en taxi. Pour ce faire, il devait modifier l'arrière de la camionnette en y érigeant un toit et installer deux rangées de bancs. En vue de disposer d'un espace confortable au cours du travail, nous sommes rendus chez ma nièce à La plaine. La cour arrière de sa propriété étais très grande et très paisible. Jacques pouvait donc y œuvrer en toute tranquillité. Denys, le garçon de cour, pour l'accompagnait.

Pendant qu'ils s'activaient à leur ouvrage, je les regardais faire assise sur la galerie. Ou bien, je m'adonnais à un peu de lecture. Je prenais également le temps d'admirer la nature, la propriété de ma nièce me portant à oublier les lointains inconvénients de la Capitale haïtienne. J'ai mes la sérénité et le climat de paix qu'elle offrait.

La transformation de la camionnette a occupé deux jours Le 9 avril 1996, Jacques a commencé à travailler sur la route de Port-au-Prince. Je m'étais opposé à ce qu'il tente cette aventure, mais encore une fois, sa réaction a été très rude : « Ça suffit ! Ici, c'est moi qui commande ! » Pour le transport de passagers, il faut être deux : le chauffeur et un aide ce dernier est appelé par le surnom de « secrétaire ». Lui il est posté à l'arrière du véhicule pour tenir à l'œil les passagers et s'assurer qu'ils payent leur dû. C'est Denys, le garçon de cour, qui agissait comme secrétaire.

Ils partaient le matin à 4 heures pour revenir à midi et repartir à 15 heures 30, pour rentrer vers 19 heures. Le samedi et le dimanche, ils ne travaillaient pas. Nous allions alors à Miragoâne ou les Cays, la ville natale de Jacques où vivait son cousin dentiste. Nous lui avions rendu visite dès notre arrivée en Haït et nous avions couché chez lui. Il nous avait très bien accueillis, à ce point qu'il avait conseillé à Jacques : « Pourquoi ne viendriez-vous pas habiter aux Cayes ? Ta femme et toi, vous y serez plus à l'aise. ». Jacques avait décliné l'offre.

Certains jours, comme j'étais inoccupé durant l'après-midi, j'accompagnais Jacques. J'avais ainsi le loisir de visiter différents quartiers de la Capitale. Parfois, il me déposait chez une amie, Joséphine, à Pétionville, directrice d'une petite école prématernelle.

Sur la route de Pétionville, j'aimais regarder travailler les peintres et les sculpteurs et j'admirais leurs œuvres. Du haut de Pétionville, j'avais une vue imprenable sur une grande partie de la capitale et je dominais les collines où de riches citoyens avaient construit de véritables châteaux.

Durant tout le mois d'avril s'était installée une routine : le va-et-vient du travail, les tours à Miragoâne en fin de semaine. De même coup, Jacques embarquait des passagers à l'arrière de la camionnette pour les déposer à Miragoâne. Il ne se lassait pas de répéter : « Je ne fais rien pour rien ici, et tout ce que je fais c'est en vue de ramasser de l'argent ». Il était heureux de la tournure de évènements, d'autant plus que je ne lui crais aucun problème. Je le laissais faire ce qu'il voulait et je lui donnais ce qu'il voulait, quand il l'ordonnait.

D'habitude, quand nous allons à Miragoâne, nous dormions chez mon amie Nélia. Elle et son mari Simon avaient passé près de 17 ans à Montréal. Ils étaient retournés vivre en Haïti, mais leurs quatre enfants étaient restés à Montréal. Ils possédaient une maison assez spacieuse à la rue Bel-Air, tout près du cimetière. Le jour, je me rendais chez ma sœur Claire pour observer les marchandes ; j'entretenais aussi d'agréables conversations avec mon beau-frère Gostin.

À la fin de semaine de Pâques, la journée du Vendredi saint, mon oncle et sa femme nous ont invités à un pèlerinage sur la une colline de Port-au-Prince, Calvaire des miracles.

Au bout de quelques semaines, je ne voulais plus demeurer chez mon oncle. Il y faisait vraiment trop chaud et pas d'électricité. La nuit, je n'arrivais presque pas à m'endormir. Les cauchemars successifs, le bruit des voitures et des camions, le tintamarre des voisins, les moustiques, je n'en pouvais plus. Une nuit, je me suis brusquement réveillée d'un songe où je voyais un gros serpent couché sur moi, dans le lit. J'avais toujours peur la nuit, il faisait trop sombre.

Je devenais de plus en plus nerveuse, mais je mettais tout en œuvre pour que personne, y compris Jacques ne s'en aperçoive. Nous n'avions aucun problème financier, mais je trouvais insupportable la perspective de continuer à demeurer chez nos hôtes.

J'ai dit à Jacques que nous louions une maison, il a fait la sourde d'oreille. Quand je lui faisais observer que le couple, surtout la femme de mon oncle, souhaitait que nous partions, il objectait que j'inventais des histoires.

J'en ai parlé à ma nièce Yolaine et à son mari. Je leur ai fait part de mon désarroi. Ils m'ont offert de venir vivre chez eux avec Jacques. Nous payerons la bonne pour notre lavage et d'autres menus services. Cette nouvelle a enchanté Jacques. Il semblait tellement ravi que j'ai eu l'impression qu'il s'y attendait et qu'il avait déjà établi son plan.

Nous avons informé à mon oncle de notre projet de déménagement chez Yolaine. Il nous exprimé son accord. J'étais très heureuse de partir. Par la suite, nous passions leur rendre visite chaque fois que nous allions à Miragaône ou aux Cayes. Nous leur apportions en même temps des provisions.

Telle a été la première étape de notre expérience en Haïti.

Troisième partie

La deuxième étape de notre expérience en Haïti

Chez ma nièce Yolaine

En Haïti, je trouvais le temps désagréablement long, les journées n'en finissaient plus, encore que cela faisait juste deux mois que j'étais dans le pays. C'était comme si j'y vivais depuis plus d'un an.

Nous sommes arrivés à la mi-mars ; et nous sommes partis de chez mon oncle à la fin d'avril. Vu que nous avions déjà transporté le les plus gros de nos baguages chez ma nièce, le peu qui se trouvait encore chez mon oncle serait plus facile à déménager, ce fut effectivement fait en une journée.

Je vais maintenant vous décrire la propriété de ma nièce et son environnement. Cette mise en situation sera pleinement justifiée par la suite des événements.

La maison de ma nièce est située à Tabarre, à 15 minutes de l'aéroport, à l'intérieur de la grande route de l'aéroport international. Pour s'y rendre, il faut emprunter une petite route très cahoteuse, qui devient fort boueuse lorsqu'il pleut. Étant donné qu'elle est très étroite, il faut conduire lentement pour éviter d'endommager les voitures. Les jeeps et les camionnettes conviennent sans doute mieux à ce type de route. On sait que la plupart des petites routes haïtiennes sont en mauvais état. Ceux qui conduisent s'y sont habitués et s'y prennent prudemment.

La propriété est limitée par une clôture en bloc, avec une grande barrière métallique. À l'intérieur de la cour se trouvent deux grandes maisons. La première appartient à ma nièce Yolaine et à son mari Dane, et la deuxième au frère de Dane.

Ces maisons sont entourées d'un jardin et d'arbustes à fleurs. Dans la cour, le petit logis de la servante, celui du garçon de cour, la cuisine traditionnelle et des latrines. Plus loin au fond du jardon, un puis artésien

La maison de ma nièce comportait une grande galerie en avant et une en arrière. J'aimais me lever tôt le matin et m'asseoir sur l'une des galeries pour prier, lire et écrire. J'étais imprégnée par le calme et l'odeur de la rosée du matin. C'était mon moment préféré de la journée.

Il y avait trois portes de sortie : une à l'avant, une à l'arrière, et une sur le côté droit qui donnait sur le jardin.

Dans l'entrée se trouvait un petit salon. Adjacent à la salle à manger. Deux grandes chambres séparées par un du couloir, entre le salon et la cuisine. L'une était la chambre principale et l'autre celle du fils, Samy, et se Karola la nièce de Yolaine. À côté du salon se trouvait une grande pièce qui devait être le grand salon. Comme elle n'était pas aménagée. On l'a mise à notre disposition. Nous avons rangé dans cette chambre quelques-uns de nos effets personnels, ainsi que les outils de Jacques et le reste, nous avons mis tout ce qui restait dans l'entrepôt de la cour.

Cette nuit-là, j'ai pu dormir confortablement dans mon lit, après avoir défait quelques boîtes et place mes vêtements dans les tiroirs de mon bureau. J'ai pu aussi faire tourner le ventilateur pendant une partie de la nuit, puisqu'à Tabarre, le courant électrique était fourni pendant plus longtemps. (C'était le quartier de la résidence privée, président Aristide).

Dès que je m'aventurais au-dehors, vers la fin de l'après-midi, je devenais la cible et la proie des moustiques. En particulier d'une bestiole appelée localement « bigaille ». Je tentais de la fuir, mais sans grand succès. Les effets de sa piqûre se manifestaient en une petite plaie, peut-être une réaction allergique. Mon sang semblait magnétiser les moustiques, alors que je les avais en aversion. Je détestais également les « anolis ». Ceux-ci survenaient à l'improviste et pouvaient sauter sur quelqu'un. Elles m'inspiraient une morbide peur.

J'ai déjà noté que je redoutais le noir opaque des nuits haïtiennes. Jacques pourtant m'invitait très souvent à aller faire un tour pour acheter du griot (fait avec de la viande de porc) et des « patates douces frites ». J'appréhendais la petite route privée d'électricité. Durant le trajet, je fermais furtivement les yeux et lorsque Jacques me parlait, je ne répondais pas. Depuis mon arrivée en Haïti, on me racontait sans cesse des histoires d'horreur, qui m'inspiraient des sentiments de constante insécurité. Jacque au contraire semblait n'avoir pour rien, absolument, rien.

À partir du jour où nous sommes venus habiter chez ma nièce, mes relations avec Jacques ont pris du mieux. Il a continué à travailler durant la semaine. Je n'allais presque plus à Miragoâne les fins de semaine. Au début, nous allions à la messe le dimanche en compagnie de ma nièce et son mari. Puis j'y ai mis un terme, puisque j'étais la seule à continuer de m'y rendre. Je dois signaler que l'église était perchée sur une colline et que je jugeais dangereux d'effectuer le trajet sans une personne de confiance à mes côtés. Finalement, je faisais mes prières, tout en étant assise sur la galerie.

Même si maintenant les choses se passaient bien avec Jacques, je m'ennuyais beaucoup de mes enfants, et de ma famille de Montréal. Surtout du petit bébé de Natatsha. Elle-Camay, qui avait seulement deux mois quand j'ai quitté Montréal. Je me sentais coupable. Je me figurais qu'ils avaient besoin de moi. D'autant plus que la fête des Mères s'approchait ; dans la coutume haïtienne, c'était le dernier dimanche du mois de mai. J'avais alors reçu une carte et un petit cadeau de ma fille qui m'avaient beaucoup émue. Mon fils m'avait lui aussi envoyé une carte. Je les appelais quelquefois, mais pas souvent, parce que le bureau du service téléphonique était loin de chez nous. Je ne pouvais m'y rendre qu'en voiture, ce qui n'était pas des plus facile à cause des bouchons de circulation.

Ma nièce nous avait invités à une conférence et remise de diplômes pour les élèves du laboratoire à l'hôtel Holiday Inn de Port-au-Prince. J'avais tout préparé pour la cérémonie qui devait avoir lieu un dimanche durant le mois de mai. Je crois que c'était justement le dimanche de la fête des Mères. La veille au courant de la nuit, Jacques m'a signalant qu'il n'irait pas. J'ai tenté de le raisonner en lui soulignant que depuis notre retour en Haïti, nous n'allions nulle part et que cela nous ferait du bien de rencontrer d'autres gens, ce qui faciliterait notre réintégration dans le pays. Il m'a déclaré qu'il était déjà intégré et que c'est moi qui perdais mon temps dans des niaiseries. « Même si tu n'y vas pas, j'y vais avec Yolaine ! » lui ai-je lancé. Il est resté de glace.

Je suis donc allée avec ma nièce et son mari à la conférence. Avant mon départ, Jacques m'a demandé de lui laisser un peu d'argent, car il aurait besoin. Ce que j'ai fait.

S'avez-vous, je n'ai pas regretté du tout d'être allé été à cette cérémonie. Nous sommes arrivés très tôt, avec une heure d'avance, en particulier parce que ma nièce était la directrice de l'école. Je n'avais pas eu le temps de déjeuner. J'ai alors indiqué à ma nièce que j'en profiterais pour aller déjeuner au restaurant de l'hôtel. En y arrivant, j'ai repéré une table qui contenait tout ce qu'on désirait pour déjeuner. Un serveur m'a aussitôt assigné une place. Après avoir pris ma commande, il m'a invitée à aller choisir d'autres mets.

J'ai très bien déjeuné et je me sentais heureuse de mon geste. Cela faisait longtemps que je n'avais pas savouré un aussi bon déjeuner, depuis mon retour en Haïti. J'ai alors pensé à mes enfants, tout en me disant : « Aujourd'hui, c'est la fête des Mères à Montréal, Jacques ne m'a même pas souhaité bonne fête des Mères. Au moins, je me suis fait plaisir. J'étais fière de moi. Je ne m'inquiétais pas du tout de la réaction que manifesterait Jacques. C'était mon précieux petit moment de bonheur.

Quand nous sommes rentrées, Jacques était absent. Dès qu'il est réapparu, il s'est mis à jouer à l'indifférent. J'agissais comme si je ne m'en rendais pas compte et, de toute façon, son attitude ne me faisait ni froid ni chaud, Mais par-dessus tout, je tenais à prolonger mon menu bonheur d'une journée.

Dès le lendemain, Jacques a changé d'humeur. Il est devenu excessivement agressif. Maintenant, selon ses dires, il n'était plus intéressé à rester à Port-au-Prince. Il cherchait la petite bête, t il me répétait que nous devrions d'aller vivre aux Cayes. Devenant moi aussi agressive, j'ai quand même accepté l'idée d'aller bientôt séjourner deux ou trois semaines aux Cayes, à titre d'essai. Et après, on verrait, Il a accueilli favorablement ma proposition.

Entre-temps, mon frère Alain qui demeurait à New York est venu habiter avec sa femme en Haïti. Ils possédaient déjà leur maison dans le quartier de Delmas 31. Leur réadaptation dans le pays s'annonçait pour le mieux.

C'est au dernier dimanche du mois de mai qu'est célébrée la fête des Mères en Haïti. Ma nièce et son mari nous ont invités pour l'occasion à les accompagner chez des amis. J'étais très disposée à accepter leur offre, mais pas Jacques. Je me suis donc sentie obligée de rester à la maison avec lui, pour éviter des complications. Cette journée-là, comme pour celle de la fête ces mère à Montréal, il ne m'a pas dit bonne fête des mères, pas de carte, rien du tout. Au lieu de cela, j'ai plutôt eu droit à des insultes parce que j'avais révélé à ma nièce que c'était lui qui avait refusé que nous sortions avec eux. Bref, j'ai passé un très mauvais moment. N'en pouvons plus, j'ai pleuré pour toute la journée.

Un soir, Jacques m'a emmené à la téléco pour appeler les enfants à Montréal. Il m'a déposée à un bureau de l'entreprise situé non loin de la rue Delmas à 19 heures. Je suis resté à l'attendre morfondue à l'attendre jusqu'à 22 heures. La téléco avait alors fermés ses portes, il faisait noir, il n'y avait plus un chat dans les parages. Juste quelques camionnettes toujours pleines de passagers et qui, de toute façon, ne desservaient pas le secteur où j'habitais.

La peur montait en moi. Avisant un taxi, je lui ai fait signe d'arrêter. Avant d'y prendre place, j'ai prié Jésus de me protéger. Mon cœur battait à tout rompre. J'ai indiqué mon adresse au chauffeur. Je m'évertuais à parler au chauffeur à la manière d'une Haïtienne typique du pays pour éviter de trahir ma condition de « diaspora » (qui revient de l'étranger). Je me suis tenue bien tranquille. J'avais donné l'adresse de mon oncle, à la rue Lumumba, à proximité de Delmas 9

En arrivant à destination, j'en ai averti le chauffeur. Comme il faisait sombre, j'avais préparé mon argent avant de monter dans le taxi. Quand je lui ai remis le montant de la course, il m'a gentiment fait cet aveu : « Madame, pourquoi avez-vous peur de moi ? À votre façon de parler, je sais que vous êtes une étrangère ? N'ayez pas peur, je ne vous ferai aucun mal, allez frapper à la barrière ; j'attends ici, parce qu'il fait trop noir pour rester que vous restiez seule dans la rue. » Il a ajouté : « La prochaine fois, ne restez pas si tard comme cela à l'extérieur. Heureusement, c'est moi que vous avez trouvé, parce qu'il n'y en a pas beaucoup comme moi. » L'ayant remercié avec effusion, je suis allée frapper à la barrière. Les gens étaient déjà couchés, car il était 23 heures. Ils ont même pris peur. Le garçon de cour, Denys, a laissé passer 10 minutes avant de venir ouvrir la porte. Mon oncle est descendu vérifier qui était venu cogner chez lui à cette heure aussi tardive.

Après avoir exprimé sa fébrile inquiétude, il m'a demandé ce que je faisais à l'extérieur à un moment aussi avancé de la nuit. Je lui ai expliqué ce qui s'était passé à savoir que Jacques n'était jamais revenu me chercher. Lui et sa femme en étaient très fâches ; en même temps, ils craignaient que quelque chose de grave soit arrivé à Jacques. Une demi-heure plus tard, Jacques s'est présenté chez mon oncle. Il a frappé à la barrière. Il ne paraissait inquiet de tout. « Je viens chercher Enice » a-t-il lâché. Mon oncle lui a signifié son mécontentement, à quoi il n'a pas réagi. Il a juste dit : « je savais qu'elle viendrait ici. » Mon oncle a répliqué : « elle serait peut-être morte aussi. » Jacques a tout bonnement souri et m'a ensuite adressé ces mots : « Viens, allons-nous-nous-en chez nous. »

Ma nièce et son mari étaient eux aussi extrêmement inquiets. Ils croyaient que nous avions été attaqués. Personne à la maison n'était encore allé au lit. Je leur ai expliqué les événements. À leur tour, ils ont exprimé leur colère contre Jacques, qui encore une fois n'a pas branché. Ma nièce lui avait toujours fortement recommandé de ne pas circuler tard la nuit. Il s'en moquait et soutenait que rien de fâcheux ne pouvait lui arriver. Il laissait croire que les gens le craignaient au plus haut point.

J'ai oublié de mentionner qu'aussitôt que je suis montée dan ls camionnette, il s'est mis à me traiter de tous les noms. Il m'a juré qu'il n'avait pas besoin d'une femme comme moi qui n'arrive pas à se débrouiller, par exemple à prendre place à l'arrière d'un véhicule de transport en Commun, etc. Il estimait qu'il avait n'avait pas le temps de prendre soin d'une femme-enfant en Haïti. Que je n'arriverais jamais à la hauteur d'une personne travaillante, déterminée, habile manuellement, à la manière de la plupart des femmes du pays.

À partir de ce jour-là, je me suis mise à concocter discrètement un plan pour m'extraire du guêpier haïtien. Je savais que Jacques était très malin et que je devrais manœuvrer subtilement, tout en faisant semblant à être d'accord avec tout ce qu'il disait ou faisait. J'étais en train d'apprendre à être aussi maline que lui était hypocrite avec moi, et ce, sans qu'il s'en rendre compte.

Dimanche 19 novembre 2006

11 heures. Bonjour mes petits, je suis de retour ce matin un peu fatigué. Hier soir, j'ai arrêté d'écrire parce que je devais aller garder Analicia et Isaiah, pour une durée de trois heures. À mon arrivée, Yole les mettaient au lit, ils étaient contents de me voir. Ils voulaient rester avec moi au salon. Je leur ai dit qu'il fallait faire dodo. Je leur ai chanté la chanson, « Mon petit Jésus, bonsoir. » Cela les a incités à dormir.

Pour me détendre, en attendant le retour de Yole, j'ai regardé un film. À mon retour chez moi, il était 1 h du matin. J'ai eu de la difficulté à m'endormir. Quand j'ai pu finalement le faire, j'ai eu des cauchemars épouvantables durant toute la nuit. À 5 heures, le téléphone a sonné, je me suis réveillée en sursaut. Quand j'ai répondu, la personne a raccroché. Je me suis rendormie. J'ai cette fois pu dormir en paix. Je me suis levée à 9 heures. Pour moi, c'est une heure raisonnable parce qu'aujourd'hui, c'est dimanche. Je pense que je devrais continuer l'écriture du livre. Si je veux terminer le projet !

Quatrième partie
La désolante expérience cayenne (1996)

Jacques avait poursuivi ses reproches et ses actes de méchanceté contre moi. Un jour, il m'a lancé : « Je pense que nous devrions aller aux Cayes comme je te l'avais proposé. Tu m'avais promis que tu viendrais pour une semaine afin de vérifier si tu peux habiter là-bas. » Il m'a fait savoir que s'il était aussi nerveux, c'est parce qu'il ne se sentait pas l'aise chez ma nièce et qu'il n'aimait pas vraiment Port-au-Prince. Je lui ai objecté que nous devrions plutôt louer une maison à Miragoâne. Ce choix nous coûterait moins cher et nous pourrions alors ouvrir une pharmacie, une boulangerie ou un petit magasin. Et je serais en mesure de travailler dans l'une des banques de la ville ou d'aider mon amie Nélia à sa petite école. Beaucoup d'autres options s'offraient à nous. Nous possédions un terrain à Chalon, ce qui nous permettrait de construire une maison.

Sa réaction a été prompte : « Nous allons aux Cayes d'abord, et après on verra. » Il songeait alors à cette maison de son cousin dentiste dont l'appartement du dessus était livre. Projetait de le lui louer. Or moi, je ne me voyais pas du tout vivre en ce lieu, loin de ma famille. D'autant plus que quand je vais aux Cayes, je me sens encore plus loin de mes enfants et des miens. J'ai prié. J'ai supplié le bon Dieu de faire un miracle en ma faveur.

Mais comme Jacques l'avait décidé, nous sommes partis pour une semaine aux Cayes. La route était longue. Rendus à Miragoâne, nous avons appelé son cousin à sa clinique pour le prévenir de notre imminente arrivée.

Cela faisait un bon bout de temps que nous n'étions pas allés aux Cayes. Le cousin ignorait que Jacques avait converti sa camionnette en taxi. Personnellement, je m'étais toujours opposée à ce que Jacques travaille comme chauffeur de taxi en Haïti. Je lui répétais constamment : « Tu ne peux pas avoir quitté le Canada pour venir faire ce travail ici. Il y a beaucoup d'autres métiers possibles. Fais autre chose. Sinon, il vaudrait mieux retourner à Montréal. Tu as déjà une clientèle, et cela marchait très bien pour toi. » Il me répondait : « Jamais je ne retournerai à Montréal. Je préfère demander la charité. » Il ajoutait : « Si je fais le taxi, c'est de l'argent vite fait, et je me sens libre. »

Moi au contraire, je ne me sentais pas bien dans ma peau en Haïti. Et je me posais beaucoup de questions. Jacques était d'avis que si quelqu'un n'était pas content, c'était son problème. Puisque nous étions dans un pays libre, chacun pouvait n'en faire qu'à sa tête, et tant pis pour les autres !

À notre arrivée, son cousin était au balcon. D'habitude, quand nous présentions, le garçon de cour venait ouvrir la porte du garage pour faire entrer la camionnette. Cette fois, il n'a pas bougé. Nous sommes montés avec nos bagages. La femme de son cousin nous a bien accueillis. Elle a fait déposer nos effets dans la chambre d'amis, une grande chambre avec des toilettes très confortables. Puis nous sommes allés au balcon pour saluer le cousin.

Celui-ci a aussitôt demandé à Jacques pourquoi il avait modifié la camionnette. Mon conjoint lui a répondu que c'était pour faire du taxi, pour le transport de clients. Le cousin : « Tu fais du taxi à Port-au-Prince ? » Et Jacques répond fièrement : « Oui ! » L'autre ne lui a plus adressé un mot. Il est sorti. J'avais honte pour Jacques, le moment était fortement humiliant, mais cela ne semblait pas le déranger.

Au souper, l'ambiance était très froide, presque aucune conversation. Avec moi, la femme était très gentille, de même que son mari. Mais, vu la situation, je parlais peu. Le lendemain, Jacques est parti travailler sur la route des Cayes en faisant le parcours Cayes-Cavaillon, d'une distance d'environ 80 kilomètres.

Il est revenu à la fin de la journée avec très peu d'argent de gagné. De mon côté, durant la journée, je j'avais accompagné la dame à son magasin qui se trouvait sur la deuxième grande rue des Cayes. Au moins, je pouvais me distraire en observant les passants et les gens qui magasinaient. J'ai tenté de faire comprendre à Jacques que ce ne serait lus possible de séjourner une semaine entière aux Cayes. Ce n'était pas du tout son avis, car il se tentait bien dans cette ville. En ce qui me concernait au contraire, il n'était même pas question d'y louer un appartement. Je lui ai signalé que manifestement son occupation de chauffeur de taxi ne plaisait pas à son cousin. Puis je lui ai lancé que je désirais retourner immédiatement à Port-au-Prince. Ma sortie ne l'a pas tout enchanté.

Mon journal intime
Le 14 juin 1996

Je n'ai pas écrit depuis quelque temps. Pourtant j'ai beaucoup de choses à dire. À un point tel que je ne sais pas par où commencer.

Je suis venue avec aux Cayes pour passer une semaine. Tout allait bien. Jusqu'à ce que je commence à lui parler de notre séjour et de notre projet de vivre ici. Je lui ai fait savoir que je ne viendrais pas vivre ici. Le soir, il y a eu une émission à la radio sur les cas de divorce. Il m'a demandé si cela nous concernait. Je lui ai répondu que ce serait l'irrespect, l'humiliation, la méchanceté et l'hypocrisie qui causeraient notre séparation.

Il a alors commencé à me proférer des sottises, des choses totalement déraisonnables. De choses qui me faisaient du mal. Il m'a même crié : « Si un homme ne peut pas coucher avec sa femme comme il veut, c'est normal qu'il ait une maîtresse, parce que la maîtresse accepte de satisfaire tous ses désirs. » Il m'a tenu bien d'autres propos blessants.

Je continue mon récit.

En fin de compte, nous ne sommes pas restés toute la semaine chez le cousin de Jacques. Durant le voyage de retour, dans la camionnette, il a mis de la musique très forte pour ne pas avoir à me parler. Je lui avais indiqué que je désirais passer par Miragoâne. Arrivés à Desruissaux, nous sommes donc entrés dans Miragoâne avant de poursuivre notre route pour Port-au-Prince. Nous y sommes restés justes une heure. J'ai annoncé à mon amie Nélia et à ma sœur Claire que je viendrais passer la fête de Saint-Jean-Baptiste avec elles à Miragoâne Après quoi, nous sommes rentrés à Port-au-Prince.

Monsieur n'était pas du tout content de ma décision au sujet des Cayes. Nos proches de la capitale étaient étonnés de nous voir si vite revenus. À l'insu de Jacques, j'ai tout raconté à ma nièce et à son mari ; ils étaient tout à fait d'accord avec moi. Je leur ai confié que j'essayerais de convaincre Jacques de m'accompagner pour Miragoâne pour la fête de Saint-Jean et en même temps ; nous nous informerions en même temps sur des maisons à louer. J'étais revenue le 15 juin à Port-au-Prince. De cette date, jusqu'à notre départ pour Miragoâne, Jaques m'a fait vivre une nouvelle fois l'enfer.

Mon journal intime le 22 juin 1996

Je ne pense pas que je suis encore prête à écrire tout ce qui bouscule dans ma tête. J'ai besoin de retrouver la paix pour le faire.
Il est 6 heures 30 du matin. Il fait beau, je suis assise sur la galerie chez Yolaine et Dany. Tous les matins, je me lève à 6 heures pour m'installer dehors, non pas pour regarder les passants, étant donné la hauteur de la clôture. Mais, pour admirer la nature, le beau ciel bleu, la rosée sur les feuilles et les fleurs.

Tout en prenant mon café, je regarde, les deux chiens de Yolaine qui n'arrêtent pas de jouer avec les chèvres. Puis, je fais ma prière du matin et je fais un peu d'étirement. Je me sens vivre, je peux lire en moi et je médite. En ces moment-là, je me sens maîtresse de moi-même.

Si je ne le fais pas un matin, je sens que ma journée n'est pas complète. Ces petits instants de bonheur m'appartiennent. Je ne les partage avec personne, parce que j'aime vivre en paix.

Notre séjour à Miragoâne, juin 1996
La fête de la Saint-Jean-Baptiste

Pour cette partie de mon séjour à Miragoane, je l'avais écrit dans mon journal. Je l'ai retranscrite presque telle quelle.

Le 3 juillet 1996

Je suis allée à Miragoâne le dimanche 23 juin 1996, à la veille de la Saint-Jean-Baptiste J'ai alors filmé la procession. Le lendemain, je me suis rendue à l'église. J'ai filmé la messe. C'était vraiment beau. Des habitants de Miragoane avaient nettoyé la ville et embelli l'église en prévision de la célébration.

J'ai rencontré des personnes que je n'avais pas vues depuis des années. Pour cette occasion, tout le monde était bien habillé. Il y avait eu un bal. Je n'y étais pas allée. Après la messe, toute la famille s'est réunie chez ma sœur pour le diner et la famille de Port-au-Prince était également présente.

Mon frère Alain, et sa femme Ida et mon oncle Giordani ainsi que moi sommes allés visiter d'autres familles et d'autres amis, parmi lesquels, la sœur de Vivianne. C'était très bien, j'ai passé une belle journée.

J'avais projeté de séjourner une semaine à Miragoâne. Le soir du 24, je suis allée coucher chez mon amie Nélia qui habitait à la rue Bellaire. Jacques voulait retourner à Port-au-Prince le soir même ou le lendemain. Je lui ai fait savoir que je ne repartais pas tout de suite. Je comptais reste pour une semaine. Il s'est mis dans tous ses états. Le lendemain matin, il a replacé mes affaires dans la camionnette, en criant que je rentrais avec lui à Port-au-Prince.

Quand je suis montée dans la camionnette, il m'a annoncé qu'il n'allait pas à Port-au-Prince, mais aux Cayes. Je lui ai demandé de ramener chez ma sœur Claire à la rue Bord-de-Mer et de me laisser en paix. Il a donc été obligé de me laisser à Miragoâne. S'apercevant que j'étais enragée. Il m'a déposé effectivement chez Claire, où j'ai passé la semaine en compagnie de Fabienne et de Nélia.

J'ai passé une bonne semaine sans lui. Pour une fois, j'avais la paix. Lui, il n'est pas resté aux Cayes. Le lendemain mardi, en sortant des Cayes, il s'est arrêté à Miragoâne pour m'informer qu'il regagnait à Port-au-Prince. Je lui ai souhaité bonne chance en réitérant que je restais à Miragoâne. Ce fut une semaine vraiment merveilleuse. J'ai assisté ma sœur à son magasin. À l'occasion, je traversais en face chez Fabienne pour aller blaguer avec elle. Je me promenais dans les rues le soir en me rendant chez mon amie à la rue Bellaire. C'était la cérémonie de remise de diplômes de ses élèves. Je l'ai aidée à préparer la fête.

La fête de remise de diplômes a eu lieu le dimanche 30 juin. Jacques est revenu me chercher le lundi 1ᵉʳ juillet.

J'étais fière de me rendre compte que pour une fois, j'avais pu tenir tête à Jacques.

Cinquième partie
La préparation de mon retour à Montréal

Je ne sais pas ce qui s'est alors passé. Je retrouve Jacques très calme. Or, dans de telles circonstances, c'est qu'il prépare certainement un mauvais coup. Avant mon départ de Miragoâne, Max m'avait appelé pour me prévenir qu'il enverrait un billet d'avion pour moi seule afin que je vienne assister au baptême de ma petite-fille Elle-Camay, l'enfant de ma fille.

Jacques était tout à fait opposé à ce projet de voyager à Montréal, alors que moi, je ressentais vivement le besoin de revoir mes enfants et d'aller consulter un médecin. Le lendemain de notre retour de Miragoâne, le mardi 2 juillet 1996, Jacques m'a averti de lui indiquer immédiatement si je comptais sérieusement me rendre à Montréal.

Il m'a averti que tant qu'il n'aurait pas ma réponse, il ne ferait plus rien ; il resterait couché dans son lit, jusqu'à ce que je lui dévoile mes réelles intentions. Il ne plaisantait pas. Je pressentais quelque chose de louche se préparait sous son inhabituelle bonne humeur. Il allait enfin passer à l'exécution de son projet.

Il était 9 heures du matin. Après s'être déshabillé, il s'est allé se coucher. Vers 4 heures de l'après-midi, je lui ai écrit une lettre dans laquelle je lui réitérais ma ferme résolution de me rendre à Montréal, suivie de mes motifs.

Après avoir lu la lettre, il s'est levé du lit et a décrété : « Maintenant, tu peux considérer que nous sommes séparés. » Lorsqu'il travaille, il ne garde aucun argent sur lui à cause de voleurs ; c'est toujours à moi qu'il confie la recette. Ce jour-là, il a repris tout l'argent. Il ne m'a pas laissé un centime. Il m'a ensuite signifié : « C'est moi qui vais garder l'argent désormais, et tu me diras comment tu vas t'y prendre pour partir à Montréal maintenant. » Il a poursuivi : « Je t'interdis dorénavant de me poser des questions sur mes activités. » Je n'ai pas prononcé un mot

Quand je pense que, c'est grâce à moi et à mon argent que Jacques est rentré en Haïti ! J'avais consenti de considérables sacrifices pour la réalisation de ce voyage. J'avais débloqué mes fonds de retraite, vendu mes bijoux. Et j'avais accepté de me séparer de ceux qui m'étaient las plus chers le plus cher pour moi dans cette vie : mes enfants et ma petite fille de deux mois, en plus, j'avais dû en outre m'éloigner de ma sœur qui est furieuse contre moi à cause de Jacques.

Le soir, venu, malgré cette mortifiante journée, monsieur a quand même tenu à me faire l'amour quand même. C'est vraiment dégoutant. C'était proprement révoltant. Il s'y prenait en proférant des menaces et avec des gestes de rage, Si j'avais pu partir avant la date prévue, je l'aurais certainement fait, parce que je me sentais absolument dépréciée et totalement démoralisée, Je n'avais plus envie de rester en Haïti. Il fallait que je vide les lieux le plus vite possible. Il me restait encore une semaine, que j'ai trouvée démesurément longue.

5 juillet 1996

Aujourd'hui, c'est l'anniversaire de ma fille Natatsha. Je suis allée à la Téléco pour l'appeler, afin de lui souhaiter un joyeux anniversaire. Les lignes ne fonctionnaient pas. Je suis allée attendre Jacques chez mon frère Alain. Il est venu me chercher vers 16 heures 30. Il avait son air rusé. Il souhaitait trouver mon passeport. Il le cherche partout. Je le connais bien pour savoir que je devrais cacher mon passeport. Il le cherchait partout. Le connaissant très bien, je savais que je devais cacher celui-ci. Il ne le retrouverait pas. Il avait cette façon de me poser de questions pour m'attirer dans un piège. Il fallait que je me tienne constamment sur mes gardes pour ne pas me faire prendre.

Avant le 5 juillet, je n'avais rien écrit parce que c'est une semaine d'enfer que j'avais vécue avec Jacques. Des viols, des actes de pure méchanceté, des mauvais coups. Ce qui était plus grave, étant donné que nous logions dans ma famille, je ne pouvais pas crier pour me défendre. Un jour, j'en ai brièvement parlé avec Dane, le mari de ma nièce. « Nous ne pouvons rien y faire, a-t-il allégué. C'est ton mari. Si nous intervenons, il deviendra peut-être encore plus brutal avec toi. Arme-toi de patience, puisque très bientôt tu pars au Canada. » J'ai bien tenté de m'armer effectivement de patience, mais, quand on souffre, on devient fatalement impatient. D'autant plus que mon voyage a été retardé de quelques jours, parce qu'il ne restait plus de place à la date où je voulais voyager.

Le 8 juillet 1996

C'est maintenant que je réalise combien j'ai été folle de venir en Haïti avec Jacques. Durant notre séjour ici, il a cherché à m'humilier chaque jour davantage. J'ai eu ma leçon. Il n'y a plus rien au monde qui va me faire revenir sur ma décision, sauf Dieu, parce qu'on ne sait jamais. Mais une chose est sûre, c'est que j'ai terriblement souffert.

9 juillet 1996

Quand Natatsha avait eu son bébé, elle avait beaucoup souffert. J'avais dû la faire venir chez moi pour un mois avec le bébé et Patrick parce que venait d'être opéré lui aussi. Cette situation m'avait imposé beaucoup de travail, mais je m'en étais acquitté avec joie.

Très épuisée à ce moment-là., je me suis laissé prendre dans les jeux de Jacques. Je me suis réveillée en Haïti au bout de deux mois. J'ai commis une atroce bêtise de retourner avec Jacques. D'un autre côté, je suis allée jusqu'au bout. De l'expérience. Maintenant, je puis affirmer que je connais parfaitement l'homme. Si j'avais écouté ma famille et tante Dadia quand j'ai effectué ce bref séjour à New York... Mais passons ! Il est trop tard, je vais m'en sortir, mais privée entièrement de ressource ! Je vais tout laisser, je veux sauver ma peau et ma dignité. C'est plus important que tout le reste.

15 juillet 1996

Je devrais partir aujourd'hui, le 15 juillet 1996, pour Montréal, Malheureusement, Natatsha n'a pas pu trouver de vol disponible avant le 5 aout. Le 13 juillet, c'était l'anniversaire de notre mariage. Je ne lui ai rien mentionné à Jacques. J'ai passé malgré tout une belle soirée, alors que toute la famille était réunie chez mon frère Alain à l'occasion d'un autre anniversaire. Je me suis bien amusée, et cela a fait du bien.

16 juillet 1996

Aujourd'hui, je dois écrire, mais c'est vraiment pénible ce que j'ai sur mon cœur et ça fait très mal.

Depuis une semaine, Jacques me force à coucher avec lui chaque soir durant des heures et il s'y met très brutalement. Il presse sa main sur ma bouche pour que je ne crie pas. Il me serre de partout. Il m'avertit qu'il continuera de s'y prendre violemment tous les soirs et parfois même les jours s'il n'y a personne d'autre à la maison. Il m'a lancé ce féroce avertissement : Je fais ce que je veux avec toi, avec, ton cœur, ton vagin et tout ! « J'ai ce droit parce que tu es ma femme. » Il m'adressé constamment de menaces. Je crois qu'il est malade mentalement. Je pleurais tout le temps. J'ai hâte de partir. Il ne devrait pas me faire cela, parce que, je n'ai plus aucun amour pour lui. Et je ne lui appartiens pas.

Dans nos rapports sexuels, je ne ressens aucune sensation agréable. Alors, je me résignais et je la laisse faire ce qu'il veut

Il a saisi toutes mes cartes : assurance sociale, assurance maladie, ainsi que tous les documents importants que j'avais placés dans mon bureau. Fort heureusement, il n'a pas trouvé mon passeport. Quand je lui ai demandé s'il avait enlevé mes pièces d'identité, il a prétendu qu'il n'avait rien pris. Mais je le connais. Il est excessivement rusé.

22 juillet 1996 — Journal

J'ai ouvert mon journal ce matin. Je n'ai pu écrire parce que ma tête est trop pleine. Ce sera pour une prochaine fois. Peut-être que cela ira quand je serai de retour à Montréal.

Je suis maintenant obligée de vendre quelques effets personnels pour pouvoir disposer de l'argent nécessaire à mon voyage. J'ai déjà souligné que Jacques avait récupéré tout l'argent. Par bonheur, j'ai une généreuse famille qui peut m'aider.

Je remercie Dieu pour tout ce qu'il a fait pour moi. J'ai vendu mon secrétaire et ma chaise à ma nièce Yolaine, ce qui constitue pour moi un geste d'ultime recours puisque ces objets représentaient une très haute valeur à mes yeux. Au moins, je sais qu'ils restent dans la famille.

Moment présent
28 juillet 1996

Je suis dans un avion d'American Airlines en direction de New York. Je n'ai pas écrit depuis le 22 juillet parce que je préparais mon départ pour aujourd'hui, 28 juillet. J'ai échangé mon billet pour un détour par New York, grâce à l'argent de la vente de quelques meubles. Jacques devait de l'argent à mon oncle. J'ai remboursé celui-ci, j'ai payé mon billet d'avion et j'ai apporté un certain montant avec moi à Montréal. J'ai quitté enfin Haïti, je suis content ! Merci Jésus !

Même si j'ai laissé Jacques et Haïti, j'ai quand même un peu de peine, parce que j'avais de la famille et des amis en Haïti. Mais je ne pouvais plus endurer le comportement de Jacques. Vivre avec lui me fait trop souffrir. À demeurer ensemble sous le même toit, c'est sans cesse la chicane, des actes d'hostilité. Il est comme un démon. Je me suis toutefois aperçue que, dès qu'il a réalisé que j'avais vraiment décidé de partir et il est devenu doux comme un mouton. C'est peut-être sa façon de se faire pardonner, je ne sais plus. Aussi qu'il en sait, je n'avais plus le temps de considérer tout cela et je n'avais plus de confiance. Je pense qu'il vaut mieux que nous vivions loin l'un de l'autre, pour un certain temps du moins, et l'avenir dira le reste. Je me suis rendu compte qu'avec les enfants, c'était pareil. Il ne peut pas endurer la vie de famille. C'est un homme qui s'arrange mieux tout seul. Je prie que Dieu le garde et l'aide, parce qu'il est en définitive un malade ambulant.

Jacques était venu me conduire à l'aéroport. Heureusement, parce que je n'y serai jamais arrivée seule. Tout le monde était agressif. C'était carrément invivable. En regardant Jacques je lui ai envoyé un message par la pensée : « Jacques, tu ne sais pas comment tu m'as fait mal. Rien ne qu'à y penser, j'en ai mal au cœur. » C'était la deuxième fois que j'ai cru quitter Jacques.

22 heures. *J'arrête, je suis fatiguée, j'ai mal au dos et à la tête. Je vais prendre des comprimés Advil.*
Un regard rétrospectif

Quand j'ai laissé Jacques en Haïti, je n'éprouvais pas de remords ; je me sentais au contraire délivrée. Je sortais d'un enfer que je n'avais jamais imaginé. Avant mon départ pour Haïti, une voix intérieure m'avait averti du danger. Mais je n'avais pas voulu l'écouter. Ma famille voulait me mettre en garde. Mais constatant mon attitude, elle avait finalement baissé les bras. J'étais alors comme hypnotisée. Je ne voyais rien et je n'entendais rien. Je me suis laissé prendre dans le piège de Jacques.

Moment présent

Mardi 21 novembre 2006

7 h 30 du matin. J'ai très bien dormi. Durant toute la nuit, je me sentais bercée ou ne protège pas un ange. Il me murmurait des paroles douces et me chuchotait à l'oreille quelque chose que je ne pouvais pas comprendre, mais, qui me relaxait ? Il était apparu sur le visage de mon ami inconnu. Je me sentais détendue.

J'avais bien besoin de ce moment d'accalmie parce qu'après l'écriture déchirante d'hier soir, j'étais profondément touchée dans mon cœur et dans mon amour-propre. Je craignais de fermer les yeux pour ne pas replonger dans des cauchemars, ne pas revivre ce que j'avais vécu avant de quitter Haïti.

J'ai essayé de lire, sans succès. Je me sentais nerveuse. J'ai prié. J'ai dit à Dieu que je remettais mon esprit et mon cœur entre ses mains. Le sommeil m'a emportée dans une autre dimension. J'étais apaisée. Et j'ai remercié Dieu.

Moment présent
Mardi 21 novembre 2006

8 heures 30 du matin. Je vais m'accorder une pause d'écrire pour au moins trois ou quatre jours, parce que je dois *compléter le plan du livre pour pouvoir poursuivre mon projet d'écriture. Je vous laisse. À la prochaine.*

Chapitre 4

Un retour en solo à Montréal.

Première partie
De nouveau avec mes enfants 1996

En revenant à Montréal après 4 mois passés en Haïti par New York. Tante Dadia est venue me chercher à l'aéroport. Elle était contente de me voir. En arrivant chez elle, j'étais très épuisée. Même si elle m'avait préparé un bon souper, je n'ai presque pas mangé ce soir-là. J'étais trop fatiguée. Je lui ai exprimé mon désir d'aller tout de suite me coucher ; je lui donnerais des nouvelles d'Haïti le lendemain. Sur son insistance, j'ai accepté de coucher dans sa chambre.

Cette nuit-là, j'ai bien dormi. J'ai profité de mon séjour à New York pour reprendre mes esprits. J'ai passé 5 jours à discuter avec ma tante et à me reposer. Le 3 août, je suis rentrée à Montréal. À mon arrivée, je suis allée vivre chez ma fille. Elle occupait alors un logement sur la rue Saint-Denis, au coin de Beaubien. Elle vivait avec son conjoint Patrick et sa petite fille Elle-Camy qui avait 6 mois, et aussi avec leur gros chien Sisley.

Je me sentais bien chez eux. Le logement était au deuxième. Il y avait une grande chambre, un grand couloir, un grand salon, une cuisine attenante à une salle à manger et un grand balcon à l'arrière que Patrick avait aménagé avec goût. J'aimais m'y asseoir à cette place pour me détendre et prier.

Chaque dimanche, nous nous rendions au lac des castors pour nous apaiser, prier les anges et faire de la méditation. Sur les plus hautes pentes, nous nous asseyions sur le gazon et nous regardions les nuages. Nous observions ceux qui avaient la forme d'un visage d'être humain ou d'un ange, ou tant autre forme. Et nous allions ensuite à l'oratoire Saint-Joseph pour terminer nos prières en demandant à Dieu et aux anges de nous protéger et de nous guider. J'aimais visiter ces lieux qui me procuraient une grande paix.

Je prenais soin de ma petite-fille qui était un bébé très calme. Le gros chien Sisley nous tenait compagnie. Un jour, j'étais seule avec le bébé dans la maison ; celui-ci dormait dans son berceau et moi j'en profitais pour faire une sieste. C'était le début de l'après-midi. Je me suis couchée dans le lit de ma fille et me suis aussitôt endormie. J'étais en état de rêve. Je sentais quelque chose à côté de moi. Je me suis tournée, et j'ai vu Sisley qui dormait tranquillement derrière de moi.

Je me suis à l'instant levée en criant : « Sisley, lève-toi, sors du lit. » Il n'a pas bougé. Je l'ai laissé là. Après quelques minutes, il est de lui-même descendu du lit et est allé au salon. Le bébé et moi, nous ne pouvions plus nous rendormir.

Sisley aimait l'enfant. Quand elle marchait ou rampait, le chien se plaçait en avant d'elle pour qu'elle ne tombe pas ou ne se fasse pas mal. C'était un bon chien.

Ma fille a profité de mon séjour chez elle pour éliminer l'excédent de poids pris durant sa grossesse. Elle se rendait au YMCA chaque jour pour ses exercices. De mon côté, le l'encourageais à persévérer.

J'étais très heureuse d'être avec eux. Mon fils venait me voir très souvent et moi aussi j'allais le visiter. Il vivait encore, en location dans la maison de ma sœur Irène sur la rue Laval. Elle l'avait mis à vendre. Le 26 octobre 1996, nous avons organisé une fête pour l'anniversaire de sa petite amie Yole. Durant la soirée, Max a fait la surprise à sa petite amie. Il s'est mis à genoux et lui a fait une demande en mariage. Elle était folle de joie. Tout le monde partageait leur bonheur. Ma fille et moi avions accompagné mon fils pour l'achat de l'alliance. Il était radieux.

Trois mois plus tard, ils ont déménagé pour aller vivre ensemble dans un autre appartement à la rue Sherbrooke Ouest.

Entre-temps, je continuais à jouir du bonheur d'être avec les miens. J'étais heureuse, mais un fait particulier me dérangeait. Jacques appelait très souvent pour me demander à quel moment j'allais rentrer en Haïti. Au début, je soufflais à ma fille de prétexter que j'étais absente. En fait, j'étais en train de réfléchir à une stratégie qui me permettrait de me débarrasser de lui. N'oublions pas que je l'avais laissé chez ma nièce. Je devais trouver un moyen pour c'en sortir très diplomatiquement, tout me rappelant qu'il gardait plus d'un tour dans son sac ; sans oublier que c'est un rusé.

Ma nièce d'Haïti, Yolaine, et son petit garçon Samy ainsi que tante Dadia sont venus passer quelques jours à Montréal. Ils étaient descendus chez ma sœur Irène. Je n'allais pas souvent chez celle-ci parce que je n'étais manifestement pas bienvenue. Lorsque je m'y rendais à l'occasion, c'était pour visiter mon frère.

Pour l'anniversaire de ma sœur, ma nièce, ma tante, Vivianne, et les amis de ma sœur ont projeté de lui faire une surprise. À mon arrivée, Irène n'y était pas, je me suis bien vite aperçue que je n'étais pas la bienvenue à la fête. Ils m'ont tenu des propos des choses qui m'ont fait mal, Et moi qui souhaitais profiter de cette journée pour récupérer l'amitié de ma sœur. Je n'emploie pas le mot « affection » parce que c'était trop demander. Juste un petit brin d'amitié. On m'a comme mise à la porte. Je suis sortie prendre un taxi, avec les yeux tout en larmes et le cœur gros.

Quand je suis montée dans le taxi, j'ai indiqué mon adresse de destination au chauffeur. Il m'a aussitôt reconnue. Il s'est exclamé : « Madame Jacques, j'ignorais que vous étiez de retour à Montréal ! » C'était un ami de Jacques. Je lui ai juste répondu : « Ah ! Oui, je suis ici à Montréal. » Je ne pouvais pas en dire davantage, car je désirais éviter qu'il voie mon désarroi. Je voulais en même temps éviter de pleurer.

En arrivant chez ma fille, j'ai sur-le-champ éclaté en sanglots. Je lui ai fait part de ce qui s'était passé. Elle m'a recommandé de ne plus me rendre là-bas et d'attendre que toutes les choses s'arrangent parce que chaque fois que j'allais chez ma sœur, je revenais malheureuse. Elle a conclu : « Prends ton temps mammy ; nous t'aimons, nous. On va t'aider à t'en sortir, mon frère, Patrick et moi. »

Patrick lui, chaque fois qu'il me voyait triste, me racontait des histoires pour me faire rire. Nous restions tard dans le salon à bavarder pendant que le bébé dormait dans la chambre.

J'avais pris l'habitude de dormir dans le salon sur un sofa superflu. Un soir, durant mon sommeil, j'ai senti que des moustiques me piquaient ; je me suis en criant au secours. Je me suis presque aussitôt aperçue que j'étais en train de rêver. Je faisais en ce temps-là beaucoup de cauchemars, mais je ne m'inquiétais pas outre mesure. Je tenais à ce que rien au monde ne vienne déranger mes moments de bonheur avec ma petite famille. Ma fille et moi, avons entre-temps conçu une stratégie pour que je retourne en Haïti afin de déménager Jacques de chez ma nièce. J'ai préparé une liste d'éléments de conduite durant mon séjour au pays.

Je suis partie pour Haïti le 4 décembre 1996, avec de l'argent pour louer la maison et le déménagement. À mon départ de Montréal, mon projet était méthodiquement planifié. J'avais prévu deux mois pour tout réaliser. J'étais très optimiste. Je me sentais forte moralement. Et en même temps, j'étais très méfiante. Parce que j'avais commencé à bien connaître l'homme à qui j'avais affaire, ou du moins un peu plus.

En fait, je ne savais pas ce qui m'attendait réellement là-bas. J'ai signalé plus haut que Jacques m'appelait très souvent pour me dire de rentrer, mais je n'étais pas bien au courant de ses actions en Haïti, et lui non plus n'était pas informé de mes décisions. Nous étions tous les deux méfiants l'un envers l'autre.

Deuxième partie
Un autre séjour en Haïti

Le 4 décembre 1996
Une deuxième reprise avec Jacques.

À mon arrivée en Haïti, Jacques est venu me chercher à l'aéroport. Je trouvais qu'il était calme et nerveux en même temps. Il ne parlait pas beaucoup. Il était en tenue négligée. J'avais chaud, je trouvais le pays très désolé. J'étais au bord des larmes, mais je ne voulais pas que Jacques s'aperçoive de ma tristesse.

La maison de ma nièce n'était pas située bien loin de l'aéroport, et en moins de 10 minutes nous étions rendus à destination. Après avoir sorti, les mallettes de la camionnette, vu que ma nièce et son mari n'étaient pas encore revenus du travail, Jacques m'a lancé : « Je veux te parler de ce que j'ai fait durant ton absence. » Pour commencer, j'exploite un commerce de charbon. J'achète le charbon en gros sur la route des Cayes. Je le stocke dans un dépôt que Dane m'a loué dans sa cour. La bonne et le garçon de cours me trouvent des clients. Il a précisé que l'entreprise fonctionnait très bien. Qu'elle pouvait rapporter beaucoup à court et à long terme. Je lui ai répondit que c'était très bien, que j'étais contente pour lui. « Il y a une autre chose encore. » a-t-il repris, Puis il a fait une pause, tout en me regardant. J'ai lâché : « Parle, je t'écoute ! » Il a enchaîné : « J'ai un camion à bascule qui transporte des pierres de La Boule à Port-au-Prince. » J'ai crié : « Ah, oui ? »

J'ai tout d'abord cru que le camion lui appartenait et que quelqu'un d'autre le conduisait. Ce n'était pas le cas. Le véhicule appartenait à un ami de Montréal qui jugeait son chauffeur très peu fiable. Jacques lui avait proposé de s'occuper du camion et de le conduire lui-même en attendant de trouver un bon chauffeur. « Es-tu certain de pouvoir faire ce travail ? » lui ai-je demandé. Il m'a assuré que oui. J'ai poursuivi : « Jacques, tu ne vas pas me dire que tu es parti de Montréal pour venir faire le travail de chauffeur de camion de bascule ? Ce n'est pas possible ! D'autant plus que c'est très dangereux de conduire un gros camion sur la route de La Boule. »

Il m'a rétorqué que je n'avais aucun conseil à lui donner. Qu'il agir comme bon lui semblait. « OK ! » ai-je fait. J'ai pour la forme ajoutée : plus rien. Mais j'ai ajouté : « Si c'est ce que tu aimes, c'est très bien. » Bonne chance.

Et nous avons changé de conversation. Je lui ai remis quelques objets que je lui avais apportés. Je ne lui ai pas parlé de mon plan ce soir-là, car je me rendais compte qu'il était bien impliqué dans le quartier où il travaillait ainsi que dans ses affaires.

Lorsque ma nièce est revenue de son travail avec son mari, Jacques était sorti. Ils en ont profité pour me parler du camion, et me suggérer fortement de conseiller à Jacques de remettre le camion à son propriétaire. D'ailleurs nos deux familles et tous nos proches abondaient dans ce sens.

Ils disaient que c'était dangereux là-bas et surtout qu'il y avait un autre chauffeur avant lui conduisait le camion. On ne sait jamais, il peut faire de la magie contre Jacques. Je leur ai fait savoir que j'ai déjà parlé à Jacques. Et aussi, c'est lui qui faisait la mécanique de ce gros camion. Il était très occupé.

Quelques jours plus tard, je suis parvenue à lui parler de mon projet. Ce que j'ai accompli avec douceur. Je me suis ingéniée à faire comprendre que ma nièce avait besoin de reprendre possession de son salon pour terminer la construction de la maison. Que nous ferions bien d'aller à Miragoâne pour deux jours afin d'y chercher une maison à louer. J'ai souligné que je disposais de l'argent nécessaire. Comme nous étions un jeudi, je lui ai proposé de nous rendre durant la fin de semaine ; au moins, il aurait ainsi le temps de revenir le dimanche soir pour retourner travailler le lundi matin.

Il a accepté mon projet de séjour à Miragoâne. À ma grande surprise, il paraissait très réceptif. À Miragoâne, nous sommes avons couché chez mon amie Nélia. Je lui ai parlé du projet. Il y possédait une maison de livre à côté de chez elle, mais je ne l'aimais pas, parce que trop près du cimetière. Il y avait une autre maison au bas de la ville, près du carrefour à la grande rue avant la nouvelle cité.

Nélia était convaincue que ce serait un bon endroit pour tenir un commerce et particulièrement une boulangerie, vu que le précédent propriétaire y exploitait une boulangerie. Ce serait idéal. L'actuelle propriétaire était une ancienne professeure chez les sœurs de la Sagesse. Je la connaissais bien, et Nélia était son amie. Elle a envoyé sa petite protégée Marjo l'avertir que nous comptions venir visiter la maison. Celle-ci était alors inhabitée.

Le lendemain, nous sommes a donc rendu sur les lieux. Il s'agissait, d'une grande maison en brique très solide de deux étages, comprenant un balcon en haut et une galerie en bas, plusieurs pièces, un stationnement et une cour. Les toilettes et la cuisine à l'intérieur. C'était une maison très bien.

Comme c'était un dimanche, nous n'avons pas pu rencontrer la propriétaire. Nous sommes repartis en avisant à notre amie d'informer la madame que nous désirions louer la maison.

Nélia avait indiqué le coût du loyer. J'ai proposé à Jaques de revenir durant la fin de semaine Noël, en vue de rencontrer la propriétaire et de signer le bail.

Ainsi, nous passerions Noël à Miragoâne et ensuite, nous amorcerions le déménagement. À mon retour à Port-au-Prince, Jacques a continué de travailler avec le camion ; un jour après, celui-ci est tombé en panne. Les affaires ne marchaient plus aussi bien, car Jacques ne connaissait pas vraiment le métier. Denys, son jeune secrétaire, travaillait toujours avec lui. Il n'avait plus d'argent pour le payer. Il m'a demandé de lui prêter un certain montant pour acheter les pièces de réparation et pour l'essence. Il m'affirmait que la situation allait s'améliorer, qu'il me rembourserait bientôt et que je ne devais nullement m'inquiéter. Je lui rappelais d'être particulièrement prudent sur une petite route montagneuse, parce que celle-ci était excessivement dangereuse.

Lui en reparlant durant toute la semaine, j'ai fini de peine et de misère par le convaincre de remettre le camion. Il s'y est résigné, parce qu'il s'est aperçu qu'il continuait de dépenser alors que l'argent « ne rentrait pas. »

Un jour, il m'a invitée à venir voir à quel point le camion était haut et gros. Nous nous trouvions chez ma nièce. Quand j'y suis montée, j'avais l'impression que les gens étaient très petits tellement le camion était en fait énorme. J'ai été affolée, mon cœur battait à tout rompre. « Tu es vraiment malade de conduire un camion pareil ! » Lui ai-je reproché. Il m'a répliqué, qu'il n'avait jamais peur de rien.

Le vendredi 13 décembre 1996, il est allé travailler. Le camion est tombé en panne. Il a été obligé de laisser le camion dans une mine sur la montagne. Quelqu'un les a déposés, lui et Denys, à Petionville. Il m'a appelée pour aller les chercher. À mon arrivée, il n'était pas content parce que selon lui, j'avais pris trop de temps pour le faire.

Je n'ai pas répliqué, Une de mes amies Christine, m'avait invitée pour le dimanche suivant à un bazar et à une messe chez les sœurs de la Sagesse. J'ai demandé à Jacques de se joindre à moi. Il a accepté. Mais nous n'y sommes pas restés longtemps. Il se sentait trop fatigué. La veille, soit le samedi soir, il m'avait demandé de l'accompagner le lundi suivant dans la camionnette, afin d'aller chercher le camion tombé en panne. Il apportait la pièce pour le réparer. Il comptait ensuite le remplir de sable pour descendre la montagne. De mon côté, je conduirais la camionnette pour le retour.

Ce lundi matin-là, le 16 décembre 1996, nous sommes partis très tôt de la maison. Nous sommes allés chercher le jeune

Denys et nous sommes rendus à la mine de La Boule. Jacques, après de nombreuses tentatives, a fini par faire fonctionner le camion. J'ai puit-être oublié de mentionner que Jacques faisait du transport de sable à partir d'une mine assez éloignée de la capitale. Entre lui et ses collègues camionneurs régnait une féroce concurrence.

Dans la mine, ce jour-là les chauffeurs se comportaient comme des êtres enragés. Sur les lieux s'appliquait de toute évidence la loi de la jungle. Tout le monde hurlait, Jacques y compris. On s'en prenait surtout à lui. « Espèce de diaspora, lui gueulait-on. Va-t'en ! retourne au pays d'où tu viens ! » Dans l'intervalle, une ineffable frousse m'envahissait. Spectatrice impuissante de la scène, je pressentais bien qu'à tout moment un dérapage pouvait survenir.

Constatant ma croissante anxiété, Jacques m'a proposé de me conduire au sommet de la côte et de l'attendre dans la camionnette, pendant qu'il veillerait au chargement du camion. J'ai acquiescé, même si je craignais de rester là toute seule. D'en haut, je les observais qui ne cessaient de s'insulter à qui mieux mieux. Nombreux étaient les engins à benne, et également les tracteurs qui les chargeaient. Mais l'opération prenait du temps. Finalement, le véhicule de Jacques a été chargé : Il l'a sorti du fond de la mine. Je le regardais venir. La main sur le volant et Denys à ses côtés. Il m'a fait signe de le suivre. En cet endroit, la route était en pierre concassée.

Quand nous sommes arrivés sur la grande route, mon sentiment de crainte ne s'est pas dissipé au contraire. Je ne pouvais plus conduire. Je transpirais abondamment, mes mains étaient froides. J'ai klaxonné. Jacques a envoyé son jeune assistant prendre ma place au volant de la camionnette. Malgré tout, je restais paralysée par la peur. Nous avons fini par quitter la grande route pour nous engager sur celle de la boule qui était un peu plus sécuritaire. Nous tentions de suivre Jacques aussi prudemment que possible. Désir m'a crié que Jacques conduisait trop vite sur cette côte raide. Je n'ai pas bien compris sur le coup. Il a répété avec excitation : « Il va trop vite ! Nous ne le voyons plus ! Il va tomber ! » Je me suis exclamée : « Jésus, fais qu'il ne tombe pas dans la falaise ! » Nous avons aussitôt vu un tourbillon de poussière se forme plus loin en avant. C'était le camion de Jacques qui s'était renversé au pied d'une falaise sur la route de la boule.

Denys s'est immédiatement mis à accélérer, à un point tel que quand nous sommes arrivés sur les lieux de l'accident, la camionnette ne pouvait presque plus s'arrêter. Le jeune homme a fini par la stopper juste au bord de la falaise. Très rapidement, de nombre curieux s'étaient pointés. En apprenant de Denys que j'étais la femme de l'accidenté, l'un d'eux s'en est attendri : « Ah !

le monsieur est mort sur le coup et sa femme a failli y passer elle aussi. »

Je n'oublierai jamais les circonstances de ce dramatique événement. Le jeune homme est descendu comme un fou pour aller porter secours à Jacques. Fort heureusement, le camion n'est pas en réalité tombé côté de la falaise, mais de celui de la montagne.

Il était totalement enterré sous le chargement de sable. Denys, avec ses seules mains, a réussi à dégager le sable qui ensevelissait Jacques. Celui-ci avait perdu connaissance. Ses lèvres paraissaient toutes mauves. Il respirait à peine. Je l'ai ramené en l'appelant reprises. D'autres hommes sont venus aider Denys à le sortir complètement du sable. Son bras gauche était fortement contusionné. Il avait une chemise à manche longue dont le tissu était très épais, des morceaux de tissus et du sable sont mélangés avec sa chair. C'était quelque chose de désolant et pénible à regarder.

En écrivant ce passage, je ressens les mêmes douloureuses sensations que j'avais éprouvées à ce moment-là. L'état du bras me causait une intense crainte, Il était inondé de sang. Les gens aidaient comme ils pouvaient, mais j'estimais qu'il ne prenait pas assez de précaution. Je leur ai demandé laisser tenir le bras moi-même pendant qu'ils le transportaient. J'ai tenu ce bras ensanglanté dans mes mains jusqu'à ce que l'ambulance arrive, et en même temps je continuais de parler à Jacques pour le maintenir éveillé. Les témoins de l'évènement manifestaient une sincère pitié à notre égard. Et moi, j'avais mal au cœur. Quand l'ambulance s'est amenée, on l'y installé, et avec Denys je suis montée dans la camionnette pour les suivre. À l'hôpital Canapé vert, Jacques a été étendu sur une civière. J'ai recouvert son bras avec un drap. Il n'arrêtait pas de saigner.

J'ai ensuite téléphoné à mon oncle, à mon frère et à ma nièce qui était médecin, celle-ci est venue tout de suite. Des responsables de l'hôpital m'ont demandé si j'avais une assurance. Je leur ai répondu que je venais de Canada, mais que je n'avais pas mes cartes avec moi.

Ma nièce s'est alors adressée au médecin en charge. Ils étaient des confrères. Presque instantanément, on s'est mis à prendre soin de Jacques. Le médecin a signalé que l'opération nécessiterait une transfusion de sang. Il fallait aller en acheter à la Croix-Rouge. J'y suis allée avec ma nièce Yolaine.

La Croix-Rouge ne disposait pas du groupe de sang de Jacques, qui était O-négatif. On a fait chercher un donneur détenteur de ce groupe de sang. Il était maigre. Ma nièce m'a confié qu'elle allait conseiller au médecin de faire son possible pour ne pas transfuser ce sang à Jacques, parce qu'elle doutait de sa qualité. On ne m'a pas fait payer vu que ma nièce était médecin. Mais, j'ai donné quand même un peu d'argent au monsieur.

On a procédé sans tarder à l'opération. Jacques était très faible. Comme il était diabétique, on a aussi fait appel à un endocrinologue. Il a été opéré durant la nuit. Et l'opération a été extrêmement long. À un moment donné, j'avais perdu la notion du temps.

Moment présent
Mardi 28 novembre 2006

Hier soir, je me suis couchée à une heure du matin, mais je me suis réveillée en sursaut à 5 heures 30. J'ai rêvé qu'un ami de Jacques, venait le chercher pour un nouveau travail. Il m'a demandé où était sa chemise rouge vin. Il tenait à ce que j'aille moi-même le chercher dans l'armoire. Si elle n'y était pas, je devrais me débrouiller pour la trouver.

Dans mon rêve, j'imaginais bien sûr vivre la réalité. J'étais triste et je me demandais quand est-ce que j'arriverais enfin à me sortir de ce pétrin. La chemise c'était celle du terrible accident.

L'ami qui était venu chercher Jacques dans le rêve portait la même chemise avec la poussière dessus. Un drôle de rêve, n'est-ce pas !

Troisième partie
Les suites de l'opération de Jacques en Haïti

On avait gardé Jacques dans la salle de réveil. Je suis allée le voir, il dormait encore. Il faisait jour. J'ai passé le reste de la nuit dans la salle d'attente de l'hôpital. Bien que des sofas aient été disponibles, je ne pouvais pas dormir. J'étais intensément nerveuse et fortement inquiète. Je pensais qu'il me faudrait beaucoup d'argent le plus vite possible. Que tout cela s'avèrerait excessivement dispendieux !

Je pensais aussi aux enfants à Montréal, je savais que je devais les appeler. À son réveil, Jacques a été emmené dans une chambre privée. Il ne parlait pas beaucoup ; le bras opéré était dans le plâtre avec des tiges de fer qui pendaient à l'extérieur.

Après l'intervention, le chirurgien est venu me parler. Il a tenté de m'expliquer qu'il avait fait son possible, qu'il y avait beaucoup de résidu dans la plaie, qu'il avait effectué un travail temporaire et qu'il devrait le réopérer. Il lui avait évité une transfusion. Je ne comprenais pas vraiment ses propos. Tout me semblait irréel. Il m'indiqué que l'administration de l'hôpital m'informerait des frais d'hospitalisation et d'intervention chirurgicale. Je n'avais pas dormi de la nuit. Je me suis lavée et j'ai arrangée un peu dans la chambre de Jacques. J'ai pris un café pour me réveiller et vers 9 heures, je suis allée au bureau de l'administration pour rencontrer la directrice. Elle m'a expliqué comment fonctionnait l'hôpital. Un montant par jour pour la chambre, plus les dépenses d'équipement, les bandages, les gants, le coton, l'alcool, etc. Tout était séparé. En ce qui concernait les médecins, ils détermineraient eux-mêmes les montants de leurs honoraires. Il y en avait quatre : le chirurgien, le généraliste, l'endocrinologue et l'anesthésiste.

La direction exigeait un premier montant pour pouvoir garder Jacques à l'hôpital. Et elle a précisé que dans deux jours au plus, je devais verser un autre montant.

J'ai effectué le premier versement accompagné de quelques frais supplémentaires. J'ai mis Jacques au courant de mon entretien avec la dame. Et je lui ai souligné que pour réunir toute la somme requise pour son hospitalisation, je devais dans les plus brefs délais amorcer certaines démarches. Par exemple appeler les enfants, tenter un emprunt, vendre des biens personnels, etc. Tout d'abord, il n'était pas question de vende ses outils. En fin de compte, a-t-il concédé, il fallait qu'il soit informé des prix demandés. J'ai accepté ses conditions. J'ai ensuite téléphoné à Denys, le jeune auxiliaire de jacques, qui est aussitôt venu me chercher à l'hôpital. Je me sentais, bien sûr, trop nerveuse pour conduire moi-même. À la demande de ma nièce, le garçon de cour de celle-ci viendrait entre temps tenir compagnie à Jacques.

Ces dispositions prises, j'ai appelé les enfants pour les mettre au courant de l'accident et leur demander de m'envoyer le peu qu'ils pourraient. Mes tentatives d'emprunt n'ont pas abouti. Il me restait à vendre quelques outils, en vue des premiers paiements au médecin et l'hôpital. À l'ambassade Canadienne où je me suis rendue, un agent s'est excusé de ne pouvoir rien faire pour m'aider. Entre-temps, j'avais complètement oublié le recours possible à la Société de l'assurance auto du Québec.

Jacques, de son côté, repoussait carrément l'idée d'un retour à Montréal. Tout en évitant de le contrarier à ce sujet, je pensais : « Après tout, on verra bien ! » Et je continuais de me démener comme une folle pour contracter un emprunt.

À mon retour chez mon oncle, celui-ci m'a remis un montant que les enfants m'avaient envoyé par transfert. Ouf ! quel soulagement. C'est la veille, avant mon départ de l'hôpital, le médecin m'avait prévenu que si le lendemain je n'apportais pas le deuxième montant, il allait quand même opérer Jacques pour enlever les tiges de fers de ses plaies et refermer le bras dans le plâtre. Il craignait manifestement que nous nous sauvions avec ses tiges !

Je lui avais promis qu'il recevrait son argent le lendemain matin à 11 heures. Ses propos s'étaient révélés d'une extrême cruauté. La réception du transfert tombait doc à point

La veille, j'avais demandé à la sœur de Jacques qui habitait à Port-au-Prince, de venir lui tenir compagnie à l'hôpital, ce qui me permettait de poursuivre mes démarches d'emprunt.

À l'insu de Jacques, j'ai appelé les enfants et leur ai demandé d'annoncer à son médecin à Montréal qu'il avait été victime d'un accident et que, dès que ce serait possible, je rentrerais avec lui pour le faire soigner à l'hôpital Notre-Dame.

Ce soir-là, de retour chez ma nièce, j'ai avisé toute la famille que je comptais rentrer à Miragoâne pour vendre une partie de notre terrain de Chalon en vue d'acquitter nos frais médicaux, hospitaliers et les médecins. On a jugé mon projet très raisonnable.

Le lendemain, matin, le jeune Denys est venu me chercher pour me déposer à l'hôpital. Nous y sommes arrivés à 10 heures. Jacques était absent de sa chambre. Sa sœur m'a informée que le médecin était venu le chercher très tôt pour l'emmener dans la salle d'opération afin d'enlever les tiges métalliques. Elle avait essayé lui assurer que je m'en venais lui payer son argent. En vain. Il était persuadé que nous projetions de nous enfuir à Montréal avec son équipement.

J'étais totalement impuissante. Au terme de l'opération, je lui ai fait observer que son comportement avait été nettement anti-professionnel. Cliniquement, il m'a retorqué qu'au moins il avait réussi à récupérer ses instruments médicaux. Sa façon d'agir avait été proprement honteuse.

Il tenait à se faire payer sur le-champ. De mon côté, je requérais de lui une facture finale détailler ; je viendrais chercher Jacques dans un délai de deux jours et je m'acquitterais alors de la totalité des frais médicaux.

Le médecin parti, Jacques s'est montré tout à coup excrément nerveux. Je n'avais plus le choix de lui révéler mon projet de le ramener dès le 26 décembre à Montréal, une fois effectués les remboursements liés à son traitement. J'ai dû ensuite lui indiquer tous les moyens mobilisés au projets (à partir de ma propre initiative) pour réunir les montants nécessaires. Je pars en ce moment même pour Miragoâne pour vendre une partie du terrain. Ta sœur est ici elle prendra soin de toi.

Quelques minutes plus tard, je me faisais déposer à la gare routière pour prendre l'autocar de Miragoâne. Nous étions au 22 décembre. Le trajet de Port-au-Prince à Miragoâne a duré environ deux heures.

Je me suis rendue tout d'abord chez mon amie Nélia. Je lui ai exposé tout ce qui s'était passé et lui ai fait part de mes intentions. Selon elle et son mari, au lieu de vendre mon terrain, je ferais mieux de recourir à un emprunt bancaire, en proposant le terrain en garantie, J'ai accepté leur suggestion. Mais comme en cette fin de journée la banque était déjà fermée, nous sommes allés directement chez le directeur de l'entreprise. Mon offre a paru vivement l'intéresser. Quand il a appris cependant qu'une maison non complétement construite occupait le terrain, il a exprimé son regret de ne plus pouvoir m'aider.

Mon amie et son mari ont alors enclenché une publicité « de bouche à oreille » relative à la mise en vente d'extrême urgence du terrain. Ma sœur Claire et son conjoint ont aussitôt emboîté le pas. Il se trouve que Claire, étant de religion protestante, s'est mise à informer les gens de son église de ma décision de vendre le terrain.

En début de soirée, je suis montée à Chalon pour faire visiter le terrain à des acheteurs potentiels. Je suis tombée deux fois en m'aventurant dans le bois. J'ai failli me casser une jambe. J'étais épuisée et stressé au maximum.

Je suis restée à coucher chez Nélia. Après avoir pris une douche, j'ai tenté de dormir, en vain, malgré mon extrême fatigue. Le lendemain, 23 décembre, ma sœur est venue me chercher très tôt, vers 5 heures 30.

En cours de la route, elle m'a parlé de deux acheteurs éventuels et d'attestations d'autres terrains faisant partie de l'héritage de paternel. À sa proposition de vendre l'un de ces emplacements. J'ai répondu que je ne le ferais pas pour Jacques. Je ne consentirais à vendre que le terrain appartenant exclusivement à lui et à moi. Je l'ai remercié, mais je ne vendrai pas notre héritage pour Jacques.

Nous avons rencontré les deux personnes intéressées et l'une d'elle un notable de la ville, accepté mon prix, sans réserve d'approbation de son fils demeurant à New York. En début d'après-midi, il nous a informées que son fils était d'accord, mais que la transaction n'aurait lieu que dans une semaine. Dans l'intervalle mon beau-frère Gostin nous préparait un plan B négocié avec son riche cousin. J'avais pour rendez-vous avec celui-ci pour le lendemain matin 24 décembre 1997, à 11 heures. Entre-temps, on procéderait à l'arpentage du terrain, en ma présence, Ce qui a été promptement fait. Le soir venu, je suis allée dormir chez ma sœur. Vers 10 heures 30, le 24 décembre, mon beau-frère et moi, nous nous sommes rendus chez le cousin prêteur qui possédait une importante maison de deux étages dans la Grand-Rue de Miragoâne. Il nous a reçus dans sa spacieuse salle à manger. Après avoir signé les papiers du terrain, je les ai donnés ; de son côté, il m'a remis une liasse de billets. « Inutile de les compter, il est totalement fiable », m'avait assuré mon beau-frère.

La transaction conclue, nous sommes retournés chez ma sœur qui nous attendait en compagnie de ses « sœurs » protestantes. Elle m'avait préparé un délicieux repas. Ces dames m'ont accueillie en chantant des louanges de remercîments envers le Seigneur. Débordant de joie, elles battaient toutes des mains. « Mange, mange, insistait ma sœur, tu dois manger pour garder toute ton énergie ! » Et elle prenait soin d'ajouter : « Gloire à l'Éternel ! » J'appliquais son exhortation à la lettre, prévoyant bien moi aussi que j'avais besoin d'une extrême détermination pour affronter les défis à venir.

Après avoir mangé, je me suis lavée. Comme j'avais apporté un gros sac de voyage, qui était presque vide, elle a placé les liasses de billets au fond du sac et les a recouvertes d'un peu de linge. Ensuite, elle m'a demandé si j'étais prête à partir. J'ai répondu que oui. Elle m'a remis le sac en même temps que ses amies chrétiennes entonnaient un hymne. Et elle a ajouté ces précisions : « Personne ne va t'accompagner jusqu'à la camionnette qui te conduira à Desruisseaux. Tu y vas seule, mais, l'Éternel te guidera durant tout le voyage et même après. Gloire à l'Éternel ; merci, Jésus ! » Je suis partie sans jeter un seul regard en arrière.

La camionnette qui m'amenait au carrefour Desruisseaux a effectué le trajet en quelques minutes. Je me hâtais monter dans l'un des rares camions qui se rendaient à Port-au-Prince en cette veille de Noël. Les candidats se bousculaient pour y prendre place. J'ai réussi à m'assoir sur un sac de café ou de riz, je ne sais trop. Inutile de souligner que nous étions tassés comme des sardines. Mais brusquement j'ai pris peur et suis aussitôt descendue du camion.

Avisant un ancien autobus scolaire presque vide, je me suis empressée d'y monter, à l'invitation d'un auxiliaire du chauffeur, J'ai pris la précaution de m'asseoir très près de la porte du véhicule : Une dizaine de minutes plus tard, il était bondé. Tout en étreignant le précieux sac contre ma poitrine, je m'essayais à bouger le moins possible en même temps que je priais intensément. La plupart des passagers causaient haut et fort. Certains, impatients, harcelaient le chauffeur, Jugeant qu'il n'allait pas assez vite ; ils tenaient se retrouver à tout prix chez eux le jour de Noël. De mon côté, je craignais à tout moment un accident.

Nous sommes finalement arrivés à Port-au-Prince à 18 heures. J'ai pris un taxi pour me rendre à l'hôpital du Canapé Vert. En cours de trajet, craignant de trahir à ma condition de « diaspora », je m'efforçais de converser avec le chauffeur dans un créole que je croyais typiquement haïtien. Il semblait observer avec grand intérêt mon sac. Comme il tentait de s'engager dans une autre direction, je lui ai indiqué le parcours normal ; il a aussitôt obtempéré et m'a au bout de quelques minutes déposée saine et sauve devant l'hôpital.

À mon entrée dans la chambre qu'occupait Jacques, j'ai noté la présence de sa sœur Raymonde. La grosseur de mon mystérieux sac a éveillé leur curiosité. J'ai aussitôt versé le contenu du singulier sur le lit en s'exclamant : « Jacques, voici l'argent pour ton bras ! » Je dois reconnaitre ici que je garde, de ce moment-là un souvenir si éprouvant qu'à l'instant précis où je posais avec violence le point exclamation au terme de la phrase précédente, la lumière de ma table de travail s'est éteinte.

La vue de tout cet argent a laissé les miens bouche bée. Comme leur silence se prolongeait, j'ai lancé pour les réveiller ces propos très concrets. « Toi, Raymonde, aide Jacques à compter l'argent dû à chacun des médecins et à l'administration de l'hôpital. Pour y parvenir, il vous suffira de consulter les factures qu'on nous a présentées. »

Un peu plus tard, j'ai téléphoné aux médecins pour les inviter à nous rencontrer le soir même en vue de régler nos différents comptes. Selon mes indications Jacques avait préparé en petites coupures le montant à remettre aux médecins, cela pour leur faciliter l'opération de comptage. J'avais auparavant pris des dispositions pour acquitter la facture de l'administration. Bref, tout s'est fait en règle. Le jeune chauffeur auxiliaire de Jacques est venu nous chercher dans notre camionnette ; je lui ai offert un cadeau en argent, de même d'ailleurs qu'à la sœur de Jacques, Nous avons déposé celle-ci chez elle, après quoi j'ai donné congé au jeune homme. M'étant ensuite mise au volant de la camionnette, je suis retourné avec Jacques chez ma nièce.

À notre arrivé, une forte surprise nous attendait. La cour de la propriété était tout illuminée. Yolaine avait décoré, pour Noël, l'extérieur de la maison ainsi que le jardin. La vue d'ensemble paraissait féérique. Toutefois après que j'eus ouvert la grande barrière, nous n'avons pu enter, la maison étant fermée à clef. La servante était absente, de même que le garçon de cour. Il était alors dix heures du soir. Nous avons dû attendre dehors. Au moins, nous n'étions plus cloîtrés à l'hôpital. Je me suis alors mis à me remémorer tous mes gestes et toutes émotions de ces derniers jours.

Je me suis tout d'abord sentie soulagée d'avoir persévéré et atteint mon but, J'en ai remercié le Bon Dieu. J'ai eu une pensée de gratitude pour ma sœur Claire et son mari Gosling : c'est bien sûr grâce à leur exemplaire corporation que j'ai réussi à vendre le terrain et a amassé la somme dont j'avais d'urgence besoin. Seulement, je ne me rappelle pas que Jacques ne leur ait jamais exprimé sa reconnaissance, ni à moi d'ailleurs.

Durant toute cette aventure, j'agissais comme un robot. Et mes nerfs n'ont craqué qu'une seule fois ; c'était le troisième soir après l'accident, alors que Jacques venait d'être hospitalisé. Le jeune garçon m'avait déposée chez ma nièce et était reparti pour revenir me chercher le lendemain. Je n'ai pas mangé le souper que m'avait préparé la servante, Je me sentais profondément triste et j'étais absorbée dans de sombres pensées, Je dois signaler ici que durant la deuxième nuit j'avais couché à l'hôpital. Malgré mon intense peine et les circonstances de son accident, il avait insisté pour faire l'amour. J'avais finalement cédé, même si j'avais trouvé son attitude totalement inconvenante : Mais je prenais en même temps la décision de ne plus dormir à l'hôpital.

Tout cela s'était passé, estimais-je, parce que Jacques n'avait jamais accepté d'écouter le moindre de mes conseils. En proie à la colère, j'ai annoncé à ma nièce et à son mari que je comptais rentrer immédiatement et seule à Montréal. J'en aviserais la famille de Jacques qui n'aurait alors d'autre choix que de s'en occuper. Salon moi, Jacques était devenu absolument irrécupérable. Tous ses gestes passés le confirmaient. De toute façon, il jurait qu'il préférait mourir en Haïti que retourner à Montréal. Ce n'est qu'après avoir constaté qu'aucun de ses proches ne se souciait de son état de santé qu'il s'est résigné à revenir au Canada

S'entend rendu compte de mon épuisement, le mari de ma nièce m'a conseillé d'aller dormir. « La nuit te portera conseil, a-t-il ajouté. Tu prendras ta décision demain. Ils sont allés me coucher et moi aussi. Je n'arrivais plus à prier. Tout cela se passait deux jours après l'accident. Et je n'avais pas encore été à Miragoane Cette nuit-là, je n'ai pas fermé l'œil. J'ai pleuré toutes les larmes de mon corps. J'avais tellement mal à l'intérieur. J'éprouvais à la fois de la haine et de l'accablement. Et sans doute bien plus encore.

J'étais étranglée par les sanglots. J'ai appelé Jésus de venir m'aider à voir clair en moi en vue de faire le bon choix. Il était 4 heures du matin et n'arrivais pas encore à m'endormir. Finalement je me suis juste assoupie vers 5 heures 30. Et réveillée à 6 heures, j'obtenais la réponse. Je devrais continuer. Je ne pouvais pas laisser Jacques entre les mains de ma famille. Il fallait que j'aille jusqu'au bout. Si je rentrais à Montréal, je devais l'emmener avec moi.

J'en ai aussitôt prévenu ma nièce. Je lui ai fait savoir que je comptais faire mon possible pour trouver l'argent du voyage en vue de ramener Jacques à Montréal. Citoyen Canadien, à Montréal, il aurait droit à de bons soins. Je verrais bien pour la suite. J'ai remercié tous ces gens pour leur précieuse soutien.

Jusqu'à présent, beaucoup de personnes au courant de mon histoire m'ont affirmé qu'à ma place, elles auraient laissé Jacques en Haïti. Étant donné mon extrême sensibilité, il m'aurait été impossible de le faire. De toute ma vie, j'aurais regretté mon geste. J'admets, qu'il ne méritait pas que je souffre autant pour lui. Ma souffrance serait néanmoins bien plus atroce encore, de savoir qu'il subit un long martyre et que je l'ai laissé là-bas sans aide.

« Heureux les miséricordieux, car ils obtiendront miséricorde. Bible de Jérusalem, Luc 6 : 36-39. »

Quatrième partie
Une nuit de Noël à la belle étoile, 1996

Ce soir-là, au sortir de l'hôpital, je suis passée à une pharmacie. J'ai acheté les médicaments contre la douleur et des antibiotiques que les médecins avaient prescrits à Jacques.

Comme il n'y avait pas personne à la maison, j'ai installé Jacques sur une chaise berçante qui était sur la galerie. Ayant enfilé quelques vêtements qui se trouvaient dans ma valise, je suis restée assise dans la camionnette.

C'était une nuit de pleine lune, les lumières de Noël scintillaient, c'était magique. J'éprouvais une détente. J'étais calme et confiante. C'était comme si j'étais entourée d'anges. Je me sentais protégée. Je ressentais du bonheur dans le cœur. Je ne voyais pas le temps passer. Je ne dormais pas parce que je n'avais pas sommeil.
À minuit, je suis allée voir Jacques sur la galerie. Il dormait, et je n'ai pas voulu le déranger. J'ai fait quelques pas devant la maison. Je regardais le ciel dans sa plénitude, ainsi que la lune et les étoiles. J'entendais de la musique dans ma tête. Je me suis mise à penser à mes enfants et à ma famille à Montréal. Mais en bien, car je les voyais heureux et j'en étais ravie.

Je suis retournée dans la camionnette et j'ai prié Dieu en le remerciant pour toutes ses bontés. Vers 1 heure du matin, le garçon de cour est arrivé. Il était étonné de nous voir dans la cour. Il m'a signalé que personne ne s'attendait à ce que Jacques sorte de l'hôpital le soir précédent. Il nous a indiqué que les occupants de la maison étaient partis à un réveillon. Il nous a installés dans la chambre de la servante, n'ayant pas la clé de la grande maison. J'ai couché Jacques dans le petit lit de la servante et moi, je suis restée assise sur une chaise tout le reste de la nuit. Grâce aux médicaments, Jacques a pu dormir.

Vers 5 heures 30 du matin, je suis sortie dans la cour et j'ai noté que le voiture de Dane était là. Je suis allée frapper à la fenêtre la chambre. Il est venu m'ouvrir la porte. Il croyait que je venais d'arriver. Je lui ai révélé que nous étions arrivés depuis longtemps et que nous avions passé la nuit dans la chambre de la servante. Comme ils en paraissaient fort désolé, je les ai rassurés en leur expliquant que c'était moi qui avais accéléré les évènements avec l'aide de Jésus et de la famille à Miragoâne, étant donné que je ne voulais pas passer la Noël à l'hôpital avec Jacques. Je leur ai annoncé que nous partirions le 26 décembre parce que Jacques ne pouvait pas garder plus longtemps son bras dans le plâtre.

Le 25 décembre, à midi trente PM, j'ai appelé Air Canada en Haïti pour faire les réservations. On tenait à ce que les billets fussent payés immédiatement. Dany m'a amenée au comptoir d'Air Canada pour le faire, et pendant qu'à la maison, Jacques avec son bras malade, aidé du garçon de cour, tâchait de réparer notre gros réfrigérateur. Il comptait le vendre à un ami de ma nièce. Il a ressui à le remettre en état, au prix d'intenses douleurs à son bras. De retour à la maison, j'ai commencé à faire les valises. Le lendemain matin, tout était prêt pour le départ.

À notre arrivé à l'aéroport, j'ai administré un puissant médicament à Jacques en vue d'atténuer les violents élancements de son bras ainsi que l'odeur qui commençait à s'en dégager. Il a dormi un peu dans l'avion. Le voyage fut on ne peut plus pénible, et cela malgré le fait que nous étions assis en première classe. C'était ainsi que Jacques malgré son farouche entêtement. A été contraint de quitter le sol d'Haïti

Chapitre 5

Retour d'urgence à Montréal, le jeudi le 26 décembre 1997
Première partie
Jacques se retrouve à l'hôpital Notre-Dame

Natatsha et Patrick sont venus nous chercher à l'aéroport de Montréal, Jacques étant bien sûr dans un fauteuil roulant en arrivant à Montréal, ils sont venus le chercher en chaise roulante. Ils nous ont emmenés directement à l'urgence de l'hôpital Notre-Dame. La veille, Natatsha avait pris soin d'avertir le médecin de Jacques de notre arrivée, celui-ci en avait prévenu l'hôpital. Dès notre arrivée, Jacques a été installé dans une chambre à l'urgence et un médecin est venu l'examiner. Je lui ai remis le dossier que le chirurgien m'avait confié. Il m'a demandé quelques explications complémentaires. Puis ce fut la prestation des premiers soins.

Comme Jacques est diabétique et qu'il n'avait presque pas mangé, on lui a d'abord administre du sérum. M'avisant qu'il était entre de bonnes mains, je suis allée retrouver Natatsha et Patrick tout en songeant à prendre aussitôt que possible une bonne douche, puis à me reposer dans un lit confortable. Une autre étape déterminante venait de se terminer. Je me sentais soulagée. Jacques était soigné dans un hôpital à Montréal. J'ai dit merci à Dieu.

Moment présent, 29 novembre 2006

12 heures. *Je prends une pause, je suis épuisée. Trop de souvenirs pénibles. Il est minuit. J'ai écrit durant six heures. J'ai mal au cou et au dos.*

Moment présent, le 6 décembre 2006

13 heures 15. *Depuis le 29 novembre 2006, je n'ai rien écrit. Au début, c'était parce que la partie que je venais de rédiger m'avait complètement épuisée psychologiquement. Je tenais à libérer mon esprit avant de continuer. Mais en plus, je me préparais à recevoir ma petite famille le dimanche 3 décembre, à l'occasion de la fête de Noël. Profitant de l'anniversaire de la petite Elle-Camay, J'ai organisé un délicieux souper à la fois pour cet anniversaire et le commoration de la naissance du Christ.*

Ma volonté de me concentrer sur mon activité d'écriture a été malheureusement contrecarré par un bête accident que, le 4 décembre, me fille et moi avons eu sur l'autoroute Décarie. La camionnette en a été fortement endommagée. Pour ma fille, ce fut un rude choc émotionnel, suivi de douleurs au cou. Quant à moi, comme j'avais déjà subi trois durs accidents, j'en ai eu le corps fortement meurtri.

Aujourd'hui je vais malgré tout m'efforcer de poursuivre mon projet d'écriture. Je m'y remettrai peut-être ce soir...

À l'hôpital : de retour à mon récit

Lorsque j'ai rejoint Natatsha dans la salle d'attente de l'hôpital, celle-ci m'a annoncé qu'elle me conduirait chez Rosita, une cousine de Jacques qui habitait à Montréal-Nord. Elle avait pris ces dispositions parce que, pour le moment, elle et sa petite famille étaient hébergées par la mère de Patrick, à Repentigny, Elle attendait de déménager bientôt dans sa propre maison qu'elle et son conjoint venaient d'acheter.

Il se trouve que je ne pouvais pas rendre chez ma sœur à cause du fait j'étais retournée vivre avec Jacques. D'un autre côté, j'estimais que Montréal-Nord était bien loin de l'hôpital. Mais j'étais tellement fatiguée que je ne pouvais plus rien remettre en question

Ma fille et son conjoint m'ont déposée chez Rosita. Celle-ci a mis s chambre à coucher à ma disposition. Tout compte fait, j'étais bien reçue. Elle m'avait préparé de la nourriture. J'ai commencé par prendre une bonne douche, puis j'ai mangé tout en conversant avec Rosita. Elle désirait que je lui raconte l'accident, ce que j'ai fait. Tout de suite après, je suis montée me reposer dans la chambre. J'étais enfin à Montréal dans une chambre très accueillante et bien confortable. J'ai dormi d'une traite. J'en avais grandement besoin. Je me sentais très calme pour la première fois depuis l'accident. J'avais l'esprit en paix.

Le lendemain, à 8 heures, j'ai utilisé, le transport en commun pour me rendre à l'hôpital-Notre-Dame. Je trouvais que le trajet était long et épuisant. Je devais prendre deux autobus et le métro. J'ai pensé demander à mon amie Laura qui habitait à cette époque-là à la rue Clark, non loin de la rue Bernard, si je pouvais venir demeurer temporairement chez elle, avant de louer un appartement, en prévision de la sortie de Jacques de l'hôpital. Je ne me voyais pas aller vivre chez qui que ce soit avec lui. Même pas chez mes enfants.

Ce matin-là, plusieurs les médecins examinaient Jacques encore dans une chambre à l'urgence de centre hospitalier. Ils m'ont demandé de leur décrire les circonstances de l'accident. Ils n'arrivaient pas à déterminer quel type d'intervention les médecins d'Haïti lui avaient appliqué. La plaie au bras de Jacques dégageait une odeur insupportable. Ils ont décidé de l'opérer ce matin-là, pour enlever le plâtre ; après quoi ils sauraient quoi faire. J'ai dû signer un document qui autorisait le médecin à amputer le bras au cas où ils ne pourraient pas le sauver. Une médecin m'a conseillé de prier tout en m'invitant à me rendre dans la salle d'attente et en me prévenant que l'opération serait longue. Quelques minutes plus tard, Jacques a été emmené dans la salle d'opération.

Entre-temps, j'avais appelé les enfants pour leur annoncer la nouvelle. Ils m'ont promis de venir me tenir compagnie vers la fin de l'après-midi. J'ai téléphoné à ma sœur Irène et à mon frère Robert pour annoncer que j'étais revenue à Montréal et que Jacques était hospitalisé. En fait, très bref a été mon coup de fil.

Durant l'opération, la jeune médecin est revenue me parler, les larmes aux yeux. « Nous n'avons pas terminé, mais j'aimerais savoir si Haïti est un pays de barbares, a-t-elle ajouté. Comment un médecin peut-il nous envoyer un malade dans un état pareil ? » Elle a ajouté : « S'il était resté un jour de plus en Haïti, il serait mort ; la plaie était en train de pourrir. »

Elle a cherché à me calmer en m'assurant que ses collègues et elle allaient tout tenter. « Il doit s'attendre à souffrir pendant quelque temps, parce que nous n'avons pas fermé la plaie, a-t-elle précisé. On lui appliquera des pansements deux fois par jour durant deux semaines pour drainer la plaie avant l'opération. Il a subi plusieurs fractures au bras de même qu'au poignet. » J'ai l'ai remerciée d'être venue me réconforter et elle est retournée dans la salle d'opération.

L'heure du dîner était arrivée, mais je suis restée sur place, pas trop loin de la salle d'opération. À 13 heures, les médecins ont terminé. Ils l'ont gardé en observation dans une chambre des soins intensifs, en attendant de le transférer dans une autre chambre. Vers 16 heures, il était installé dans une chambre semi-privée. Il avait l'air extrêmement fatigué. Mais il prétendait qu'il ne ressentait pas une grande douleur. Un médecin est venu m'expliquer les procédures. Il m'a révélé que le poignet était brisé en petits morceaux. Le bras et l'avant-bras étaient sectionnés en trois morceaux ; le coude était lui aussi brisé et la plaie était restée ouverte et avait beaucoup de débris. À la suite des deux semaines de changement de pansements, les spécialistes évalueraient les différentes options. Il a ensuite prévenu Jacques : « Si vous souffrez trop, demandez des médicaments aux infirmières de garde. » Puis il est parti en nous souhaitant bonne chance et en nous recommandant d'être patients.

La première journée fut calme. Jacques était encore sous l'effets des médicaments. J'ai appelé les enfants pour leur demander de venir voir plutôt le lendemain samedi 28 décembre. J'estimais que nous étions tous les deux beaucoup trop fatigués.

J'ai ensuite téléphoné à mon amie Laura pour lui demander si elle pourrait m'héberger pendant pour quelques jours chez elle. Elle a accepté. J'ai averti la cousine de Jacques que je j'irais séjournée chez mon amie parce que le trajet de chez elle à l'hôpital était trop long et fatigant pour moi. Elle a trouvé que ma décision était très logique. J'ai préparé mes effets et, le lendemain, Patrick m'a aidée à les transporter chez Laura, après quoi il m'a conduit à l'hôpital.

Depuis mon arrivée à Montréal, j'étais souvent secoué de frissons. Je ne me sentais vraiment pas bien. J'en ai parlé à Laura. Selon elle, mon état était la conséquence d'une excessive tension. Durant trois jours, chaque matin, elle me faisait prendre une petite tasse de café noir avec du sel. Ce traitement m'a vraiment fait du bien. Mes frissons avaient disparu.

À l'hôpital, la situation s'est mise à évoluer. Max, Natatsha, Patrick et la petite Elle-Camay sont venus nous voir. Je n'oublierai jamais ce regard d'Elle-Camay. Elle avait six mois et était assise dans sa poussette. Je suis allée les reconduire à l'ascenseur. Natatsha me répétait de ne pas trop me fatiguer pour son père et de penser d'abord à moi. Max et elle étaient venus à l'hôpital afin de me voir, moi, m'affirmait-elle. Elle estimait que Jacques m'avait fait trop souffrir. En rentrant dans l'ascenseur, la petite Elle-Camay m'a regardée avec un sourire qui voulait dire beaucoup de choses. Elle a tenu longuement ma main. Dans son regard, j'ai cru voir le visage d'un ange. Et ce regard m'a réconfortée, tout en me donnant plus de courage à la pensée des épreuves qu'il me restait à franchir.

Durant les deux semaines où les infirmières sont venues pour les pansements du bras de Jacques, j'ai vécu des moments excessivement éprouvants. À chaque pansement, c'était l'enfer. Jacques souffrait tellement qu'il perdait connaissance. De mon côté, je ne pouvais pas regarder la plaie. La vue en était trop horrible. J'avais très mal chaque fois, mon cœur subissait la torture.

Un jour, l'une des infirmières étant absente, celle qui faisait alors le pansement m'a demandé de l'aider à tenir le bras de Jacques. Quand j'ai vu la plaie, j'ai failli perdre connaissance. Pendant que je retenais le bras, l'infirmière enlevait le pansement, nettoyait la plaie et appliquait un nouveau pansement. Cette étape était la plus insoutenable. La plaie était ouverte de haut en bras jusqu'au poignet ; elle était étendue comme une pièce de viande qui était coupée en petits morceaux pour la cuisson. C'était répugnant et atroce, et je ressentais moi-même toute la douleur. Lui, il détournait ses yeux de la plaie. Je me souviens bien qu'il ne l'a jamais regardée jusqu'à sa guérison complète.

Au moment où j'écris ces lignes, j'éprouve de nouveau toute la souffrance de ces instants-là. J'ai tellement mal au cœur. En plus de ma douleur, je devais soutenir Jacques moralement étant donné sa persistante mauvaise humeur. J'étais très malheureuse. Il souhaitait absolument que personne ne vienne le visiter. Si jamais, quelqu'un se présentait, il faisait semblant de dormir.

De mon côté, je faisais tout mon possible pour que sa colère ne paraisse pas. Les infirmières le jugeaient odieux envers moi, à cause de la façon dont il me parlait.

Au jour de l'an, le moment du pansement venu, je souffrais tellement que j'avais besoin de parler à quelqu'un pour sentir de la chaleur humaine. Je désirais juste un peu d'attention, J'ai téléphoné à mes enfants. Pas de réponse. Je me suis résigné à appeler ma sœur Irène. Elle m'a répondu très froidement. Je lui avouais comment j'étais triste et combien je souffrais : « C'est ton affaire m'a-t-elle sèchement répliqué, c'est toi qui l'as choisie. » J'entendais des voix de personnes qui discutaient en arrière-fond. Elle recevait ses amis. J'ai exprimé le souhait de parler à Vivianne. Quand celle-ci a pris le téléphone, elle a lancé : « Ah ! C'est toi, Enice, nous sommes en train de fêter » en riant. Je lui ai offert mes vœux de bonne année, et j'ai aussitôt raccroché.

Rétrospective d'étape

Je me suis retrouvée toute seule dans cette histoire et m'en suis sortie seule aussi. Je me suis rendue à la chapelle de l'hôpital pour chercher du réconfort dans la prière. Maintenant, je comprends l'attitude de tous ces gens envers moi. C'est vraiment moi qui m'étais mise dans ce pétrin, Irène avait raison de réagir comme elle le faisait. Elles avaient été témoins des indignes traitements que cet homme m'avait infligés. Elles ne comprenaient pas que j'accepte de le soutenir à ce point. Mais que voulez-vous ? Je l'ai fait. Je ne l'ai pas regretté. Tout compte fait, j'estime avoir sauvé une vie. Un point, c'est tout.

Deuxième partie
L'opération du bras de Jacques

Quinze jours après le traitement aux pansements, le 10 janvier 1998, un médecin est venu nous annoncer que l'opération était fixée pour le lendemain vers 10 heures du matin et que Jacques devait être à jeun. Nous étions soulagés. Enfin, plus de pansements. Le lendemain matin, Jacques était prêt. Il attendait qu'on vienne le chercher pour l'amener à la salle d'opération. Il était midi, Jacques était encore dans la chambre. Vers 1 heure de l'après-midi, une l'infirmière m'a fait observer qu'il y avait d'autres malades plus urgents à opérer. Ce serait à 16 heures. En fin de compte, nous avons passé toute la journée et la nuit à attendre. J'ai dû dormir à l'hôpital.

Le matin du 12 janvier, Jacques m'a demandé d'aller lui chercher un fauteuil roulant et de l'y installer. Il avait décidé d'aller voir lui-même l'infirmière responsable parce que, jugeait-il, j'étais trop gentille le personnel.

Il s'est rendu au poste de la garde dans le fauteuil roulant. Interpelant l'infirmière, il réclamé de communiquer avec le médecin. L'infirmière a tenté de le convaincre que le fauteuil roulant ne convenait pas à son état et qu'il devait rester couché. Il a fait la sourde oreille. Il a tempêté : « S'il le faut, je resterai ici au poste jusqu'à ce que l'opération ait lieu. » De guerre lasse, l'infirmière a appelé le médecin qui a confirmé que Jacques serait le premier à se faire opérer à 8 heures 30.

L'infirmière et moi, l'avons aidé à se coucher. À l'heure dite, dès 8 heures 30, on est venu le chercher. J'en ai profité pour aller déjeuner à la cafétéria. J'ai fait une petite toilette dans la chambre. L'opération a duré six heures.

Jacques a été l'ont ramené à 15 heures 30 à la chambre. Il avait le bras dans le plâtre jusqu'aux doigts. Il n'était pas de bonne humeur. Il ne parlait pas. Une heure après, il voulait uriner. Je lui ai présenté le pot, « Non ! a-t-il crié, je veux aller uriner aux toilettes. » Je lui répétais que le médecin avait recommandé qu'il ne se lève pas. Il a hurlé : « Je n'ai rien à faire avec le médecin ! Emmène-moi aux toilettes tout de suite ! » Je suis sortie de la chambre pour aller chercher l'infirmière.

L'infirmière a confirmé mes propos. Jacques ne voulait rien savoir. Il voulait se jeter hors du lit. L'infirmière est allée chercher un fauteuil roulant. Elle m'a prévenu que si un accident survenait, elle n'en serait pas responsable. Je l'ai péniblement aidé à descendre du lit, et il s'est assis dans le fauteuil roulant. Dans la salle de bain, il m'a été également difficile de l'installer de façon à faire son pipi. Je n'en pouvais plus. J'étais totalement épuisée. Cela faisait plus que 24 heures que j'étais debout.

Durant L'hospitalisation de Jacques, je pensais tous les jours à la nécessité de louer un appartement. Vu que je ne possédais pas de voiture, il me fallait en trouver un situé non loin de l'hôpital. À ce propos, je relate le curieux incident qui suit.

À un moment donné, j'avais demandé à Max de venir visiter des appartements avec moi. Un jour, j'avais pris rendez-vous avec lui près du métro Mont-Royal. Je marchais dans la rue et je me parlais tout seule. J'ai dépassé Max sans même le voir. Il m'a touchée et m'a soufflé : « Mammy, c'est moi Max, tu ne me reconnais pas ? » J'ai réagi : « Ah oui, c'est toi, Max. »

Les choses allaient très mal pour moi. Nous étions presque à la fin de janvier. Il faisait froid. Il neigeait souvent. Je me sentais comme une folle. Il fallait trouver l'appartement le plus vite possible, parce que Jacques allait quitter bientôt l'hôpital. Max et moi, sommes allés visiter un appartement. C'était un 1 1/2. Il était tellement sale. Max m'a fait remarquer que je ne pouvais pas du tout y habiter. L'immeuble dégageait en plus une odeur de drogue. Un peu découragée, je suis retournée à l'hôpital Jacques devait sortir dans trois jours. J'ai demandé au médecin un délai d'une semaine. Pour la recherche de l'appartement. Il me l'a accordé.

Je me rendais à l'hôpital surtout pour donner à Jacques son bain. Je n'y restais pas toute la journée à cause de sa presque constante mauvaise humeur. Mais, il voulait pourtant que nous fassions le sexe chaque fois que je lui donnais son bain. Je tentais de lui faire comprendre qu'unique préoccupation pour le moment touchait la location d'un appartement. J'étais à bout de ces déplacements incessants. Ma résistance ne faisait qu'attiser sa colère.

Un beau-frère de Jacques est venu le visiter, Quand je lui ai fait part de mon pressant souci, il m'a suggéré de contacter la responsable de l'immeuble où il habitait, à la rue Port-Royal à proximité de la rue Saint-Laurent. J'ai aussitôt suivi son conseil. Il y avait fort heureusement des 2 ½ meublés de libres.

Je m'y suis rendue dès le lendemain. L'immeuble était très propre et disposait d'un bureau de surveillance permanente, et un ascenseur. La personne responsable m'a fait visiter un appartement au troisième étage. Le bail était mensuel, ce qui me convenait tout à fait. Je lui ai indiqué que je prenais l'appartement, mais je comptais remplacer le matelas. Avant de me rendre à l'hôpital, je suis allée effectivement acheter un matelas. On était censé venir le livrer dans deux jours.

Dès mon retour à l'hôpital, j'ai annoncé la nouvelle à Jacques. J'ai ensuite prévenu l'hôpital. Le lendemain matin, quand le médecin s'est amené pour sa visite, je l'ai informé que j'avais trouvé un appartement. Il a annoncé Jacques que dès le lendemain, celui-ci aurait son congé. Il devait revenir dans 30 jours pour des vérifications. Le professionnel de la santé lui a prescrit des médicaments contre la douleur.

J'avais appelé les enfants pour leur fournir l'adresse de l'appartement. J'en avais profité pour demander à Patrick de venir nous chercher le lendemain à l'hôpital vers 11 heures du matin. Au jour fixé, nous avons donc pris possession de l'appartement. Mais Jacques paraissait alors fortement mécontent. L'employé venu nous livrer le matelas m'a d'ailleurs souligné le fait, tout en m'incitant à la vigilance : « Madame, soyez prudente, le monsieur est très fâché ; il ne cesse de hurler contre vous. J'ai tenté de le rassurer : « Ne vous inquiétez pas pour moi : s'il est de mauvaise humeur, ai-je prétexté, c'est parce que son bras lui fait encore mal. »

Je me sentais étrange dans cet appartement ainsi que dans le quartier. Il n'y avait personne dans les rues. Ce n'était pas un quartier strictement résidentiel. Il comptait surtout des immeubles de bureau et des manufactures. La rue Port-Royal coupe la rue Saint-Laurent. Je me suis promis que je n'y séjournerais pas très longtemps, Juste pour pouvoir avoir l'esprit en paix.

L'appartement possédait une chambre pouvant accueillir un lit double ainsi qu'une salle de bain. La chambre était séparée par un paravent du petit salon et de la petite cuisine. Une assez grande fenêtre donnait sur le balcon arrière. Dans la petite cuisine, une petite table et deux chaises. Une petite cuisinière de deux plaques ; un petit réfrigérateur. Un sofa de trois places. Une garde-robe, un bureau dans la chambre et le lit. Voilà ce qu'était notre petit appartement de souffrance et de misères.

Durant l'hospitalisation de Jacques, Natatsha m'avait annoncé qu'elle était enceinte d'un deuxième enfant. Sur le coup, je n'avais pas su quoi lui répondre parce que j'en avais trop de mes propres problèmes.

Chapitre 6

La vie à deux à la rue Port-Royal
Vivre avec Jacques dans un 2 1/2

La première nuit, Jacques a beaucoup souffert. Il ne disposait pas de médicaments suffisants contre la douleur. De mon côté, je n'avais pas eu le temps de lui acheter d'autres. Le lendemain matin, j'ai arpenté la rue Sauvé dans le froid tout en souhaitant décliner une pharmacie environs. A ma grande déception, il n'y n'en avait pas. Je suis revenue bredouille. Ma fille à qui j'ai confié mon désarroi m'alors rappelé qu'en composant 411, j'obtiendrais les coordonnés d'une pharmacie, proche de chez moi. Ce que j'ai fait aussitôt. Très rapidement, les médicaments m'ont été livrés. Mon amie Laura de son côté, m'a apporté des sacs de produits alimentaires. Elle m'a signalé l'existence d'un marché alimentation à la rue Sauvé ; je pouvais, m'a-t-elle précisé, m'y rendre à pied.

Durant tout le temps où j'ai logé dans cet l'appartement, c'est dans ce, communément appelé « marché Sauvé » que je faisais mes commandes. Entre-temps, j'éprouvais toutes les misères du monde avec Jacques. Chaque jour, je lui donnais son bain, et je devais tout faire pour lui puisqu'il ne pouvait pas se servir de son bras ; Le tout devenait excessivement ardu, le plâtre faisant un arc de cercle avec un bâton qui retenait le bras en place.

Son état le mettait tellement en colère qu'il démolissait : ses affaires personnelles, comme son appareil vidéo et son magnéto-cassette.

Les enfants venaient nous voir pendant les weekends, mais Jacques ne voulait aucune visite. Le soir, je ne dormais pas beaucoup parce qu'il bougeait constamment et qu'il tenait sans cesse à faire l'amour malgré ses douleurs, cela l'aidait à dormir m'assura-t-il. Mon moral était au plus bas. Mais j'évitais que Jacques remarque mon état de déprime. Il ne devait pas me voir pleuré. C'est en pleine rue que j'allais verser mes larmes. Je me réfugiais à l'occasion dans un passage qui reliait la rue Sauvé et la rue Port-Royal. En allant faire mes commissions au marché Sauvé, je me déplaçais dans la neige et je criais très forte. Mes cris me soulageaient.

J'appelais en même temps Jésus à mon aide. Mes sanglots redoublaient. Je ne réussissais plus à me contrôler. En tout état de cause, j'étais rendue un peu folle. Les créanciers commençaient à nous harceler. Une bonne fois, Jacques a lancé à l'un d'entre : « Je t'ai expliqué mon cas et tu dis que tu veux de l'argent ! Eh bien, mon cher ami vient, je t'attendrai avec mon fusil ! », et il a raccroché. Le patron de cet homme a appelé pour obtenir des éclaircissements. Jacques lui a raconté son accident et lui a signalé qu'il recevait de l'aide sociale. Son interlocuteur s'est montré très compréhensif. Il nous a conseillé de nous inscrire au programme de « dépôt volontaire » et il nous en a décrit les procédures.

Le temps était venu pour nous présenter au rendez-vous de l'hôpital. Nous y sommes allés en taxi. Le médecin a enlevé le plâtre. Il était satisfait de son travail. Il a mis d'autres pansements en plus d'un bandage pour retenir le bras et le protéger. Il nous a recommandé au CLSC le plus proche de chez nous pour les pansements suivants et il nous a ordonné de revenir dans une semaine pour enlever les broches du poignet.

C'était devenu encore plus fatigant encore d'emprunter le transport en commun tous les jours pour les pansements. J'ai demandé à l'infirmière responsable du CLSC, si elle pouvait envoyer une soignante chez nous parce que tous ces déplacements épuisaient Jacques. Comme en plus fait très froid, il pouvait ne pas entrer son bras dans la manche de son manteau. Une infirmière s'est présentée. Elle m'a fait remarquer d'après les données mon dossier, je pouvais effectuer moi-même les pansements. Elle me montrerait comment m'y prendre et me fournirait tout ce dont j'aurais besoin. Je n'étais manifestement pas en mesure de refuser. J'ai donc été prise à changer le pansement tous les jours, à regarder ce bras guérir, jour après jour jusqu'à ce que la plaie soit complètement fermée, à devoir supporter la souffrance de Jacques durant chaque pansement et à lui donner son bain. J'étais abattue physiquement et moralement.

Il devenait plus calme, mais moi, j'étais presque démolie psychologiquement. Totalement épuisée, et je n'avais plus la maîtrise de mon esprit. Les broches du poignet ayant été enlevées et la plaie ayant été fermée, il pouvait prendre son bain seul ; il a aussi commencé à sortir pour faire des commissions seul. J'ai appelé ma mère adoptive. Je lui ai confié que j'étais épuisée physiquement et moralement. Pouvait-elle me recommander une place chez les religieuses où je séjournerais quelques jours ? Elle m'a recommandé. « Les Sœurs Franciscaines Missionnaires De Marie. » Sur à la rue Laurier, au coin de la rue Coloniale.

J'ai fait une réservation par téléphone pour la semaine suivante. Cinq jours avant, j'ai annoncé à Jacques que j'allais loger chez les religieuses pour me reposer pour quelque temps. Dans l'intervalle, sa cousine Rosita acceptait volontiers de l'héberger.

Il a tenté de me retenir. Je lui ai signalé que je n'arrivais même plus à penser. Je J'éprouvais la pénible impression d'avoir perdu la tête. La nuit, je ne dormais plus. Je pleurais en cachette. Il m'a finalement soufflé : « Si c'est cela qui va te faire du bien, alors, vas-y. » J'ai averti le propriétaire de l'immeuble que je partirais la semaine suivante. J'ai préparé mes valises et ceux de Jacques. J'ai quitté les lieux un jour avant lui. Je me sentais malheureuse de le laisser, mais j'étais vraiment au bout de mes forces et de mes nerfs. Alors, c'est ainsi que j'ai abandonné l'appartement de Port-Royal (et j'ai quitté Jacques pour une troisième fois).

Après mon départ, je ne supportais pas qu'on me parle de l'accident et surtout du bras de Jacques. Chaque fois, j'avais mal au cœur. Je suis longtemps restée marquée par cet événement. Je ne pouvais plus conduire dans les hauteurs ou si je me trouvais dans une voiture, quand on descendait une pente, je fermais mes yeux. Quant au bras de Jacques, depuis le dernier pansement, je ne l'ai plus jamais regardé. Il me rappelait trop mes atroces souffrances. Tout cela à cause de l'entêtement de cet homme. S'il m'avait écouté quand je lui avais fortement recommandé de remettre le camion à son propriétaire, un tel malheur ne se serait pas produit. Mais c'était fait. Si la même occasion se présentait, j'agirais tout autrement.

Chapitre 7

Chez les religieuses

Mon séjour chez les religieuses

À mon arrivée chez les religieuses, j'ai été accueillie par une sœur qui m'a aidée à apporter mes bagages dans une chambre. Elle m'a remis la clef de cette chambre et m'a fait visiter tout l'étage. Elle m'a montré en même temps l'emplacement des toilettes et des salles de bain. Nous sommes descendus ensuite au rez-de-chaussée où se trouvaient le réfectoire, la chapelle, et la salle d'attente. La sœur m'a par la suite amenée au bureau de la directrice où j'ai ensuite inscrit mon nom et payé le loyer du mois. La directrice m'a donné les consignes du couvent. En sortant de son bureau, je suis passée à la chapelle pour prier Dieu et solliciter son secours.

De retour dans la chambre qu'on m'avait réservée, j'ai rangé mes affaires ; puis j'ai appelé mes enfants pour leur indiquer où j'étais. Ce qui a semblé les rassurer. Natatsha m'a recommandé bien de prendre soin de moi.

Je me sentais vraiment bien dans cet endroit. Désirant à tout prix retrouver la paix. Je n'avais pas fourni mes coordonnées à Jacques. Ayant Complètement perdu mes points de repère, j'avais un pressant besoin de voir clair en moi. Un lieu calme, serein et baigné de spiritualité me devenait dès lors essentiel.

J'ai téléphoné à ma sœur pour lui révéler que je venais de quitter Jacques et que je séjournais chez les religieuses à la rue Laurier. Je lui ai communiqué l'adresse. Je ne disposais pas encore de téléphone dans ma chambre. Un téléphone commun était installé dans le couloir. Au début de mon séjour, j'ai dormi beaucoup. Chaque matin, j'allais assister à la messe à la chapelle et j'y retournais pour y faire mes prières du soir. J'en avais grandement besoin. C'était le printemps et ma fille était enceinte de son deuxième enfant. À l'occasion, elle venait me voir. Je faisais de petites marches avec elle. Tranquillement, je recommençais à reprendre mes esprits. J'avais repris la thérapie. Le traitement me procurait du bien. Je faisais le trajet à pied, ce qui me permettait de méditer tout en marchant et de faire de l'exercice.

J'ai bientôt fait installer un téléphone dans ma chambre. Seuls ma sœur et mes enfants en possédaient le numéro. Un jour, un appel par interphone m'annonce que quelqu'un au téléphone insiste pour me parler. C'était Jacques. Il m'a avoué qu'il avait appelé plusieurs fois et que les sœurs répliquaient toujours que j'étais absente. Cette fois-ci, il s'était fait passer pour mon frère. Il a bredouillé que c'était sa cousine qui lui avait donné le numéro de mon lui de retraite. Il m'a demandé de le rencontrer au sujet de papiers d'assurance automobile que je devais signer. Je lui ai promis que je l'appellerais pour lui faire part de ma décision.

Je cherchais à éviter de le revoir aussi vite, parce que je me sentais bien vulnérable encore. De plus, ma pleine santé n'était pas revenue. J'avais vécu tant de souffrances à cause de cet homme.

Quelques jours plus tard cependant, je lui ai téléphoné pour lui fixer un rendez-vous à un endroit que j'avais moi-même choisi. La rencontre avait été fixée pour le 26 avril 1997 à un café situé au coin des rues Saint-Laurent et Rachel. J'avais prié avant mon départ et je me sentais forte et sûre de moi. Je n'ai ressenti aucune émotion durant notre entretien. Il ne cessait de me répéter qu'il pensait beaucoup à moi et qu'il m'aimait encore. J'ai tenté de lui faire comprendre que pour le moment, je n'avais pas la tête à des relations amoureuses. Je lui ai quand même promis qu'il aurait ma décision bientôt. Nous ne sommes pas restés dans le café bien longtemps, seulement une trentaine de minutes. Revenue à la pension, je me sentais fière de moi, J'ai en même temps pensé que je devais lui signaler très fermement que je ne comptais plus vivre avec lui, afin qu'il ne garde aucun espoir d'un retour possible.

Le lendemain, c'était le samedi, le 27 avril 1997. C'est ce jour-là que j'ai sérieusement décidé d'entamer la rédaction de mon premier livre. Voici ce que j'ai alors écrit dans mon journal.

Voici quelques parties de mon journal intime, durant mon séjour chez les religieuses sur la rue Laurier à Montréal. De la fin avril à fin mai.

27 avril 1997 - Journal

En ce beau samedi de printemps, je me suis réveillée très tôt tout en pensant à la journée d'hier où j'ai rencontré Jacques au restaurant situé non loin du couvent où j'habitais depuis un mois. J'avais dû le quitter pour venir passer quelques mois dans cette maison, afin de penser à moi et recouvrir ma paix intérieure.

Je faisais une dépression. Depuis l'accident de Jacques, celui-ci était redevenu très agressif et amer envers moi. Pourtant, c'est moi qui prenais soin de lui. J'avais besoin de réfléchir et de me retrouver. Pour y parvenir, je devais me réfugier dans un lieu calme, accueillant et propice à la méditation. Je voulais surtout savoir qui j'étais vraiment et faire le point sur le déroulement de ma vie durant la dernière année.

Parce que je ne me sens pas en paix, il me semble qu'il y a une partie de moi que j'ignore et qui m'empêche d'avancer normalement. Il faut que j'apprenne à la connaître pour pouvoir être vraiment moi. C'est aussi pour cette raison que je suis venue vivre quelque temps au couvent. Je sentais un besoin de me rapprocher de Dieu. J'avais envie de me retrouver près de lui. Pour y arriver, je devais m'éloigner de ma famille et de mon mari Jacques.

J'étais heureuse, parce que j'allais pouvoir commencer à écrire, mais je ne savais pas quand. Il me fallait, tout d'abord, trouver un moyen de me débarrasser de Jacques. Alors, j'ai décidé de lui soumettre par écrit ma décision de rupture, afin qu'il sache qu'il n'y avait plus rien entre nous. Une partie de moi résistait un peu à cette idée, je devais à tout prix forcer d'accomplir le geste.

Au restaurant, je lui avais dit que je ne l'aimais plus pour qu'il puisse me rendre ma liberté. Un sentiment très difficile à exprimer, mais c'était mieux pour moi. Je pense que ce fut également pénible pour lui d'entendre de tels mots sortir de ma bouche. Après avoir pris une pareille décision ce matin-là, je pressentais que ce ne serait pas une journée comme les autres.

Je suis descendue déjeuner et assister la messe. J'ai remercié Dieu de m'avoir redonné mon courage et aussi pour tout ce qu'il avait fait pour moi.

Je continue mon récit
Lundi 11 décembre 2006

Malgré mes instantes manifestations de foi, je n'arrivais pas à recouvrer la santé. Je faisais des crises d'angoisse et j'avais toujours mal à l'estomac. Au point que je dus consulter un médecin. À la suite de plusieurs examens, j'appris que mon mal n'était pas directement médical. Je fais de l'angoisse. Je continuais d'écrire dans mon journal, mais je ne pouvais pas poursuivre la rédaction de mon livre. J'étais en proie à l'anxiété. Pourtant j'étais comblée d'affection de mes enfants et de ma sœur.

Lundi 12 mai 1997 — Journal

Je suis de retour au couvent. Je suis dans ma chambre au troisième étage. Je me sens déprimée. Je ne devrais pas être ainsi, Puisse que hier, j'ai passé ma plus belle fête des Mères depuis que je suis maman. Mes enfants m'ont gâté. J'étais émerveillée. C'était le meilleur cadeau que j'ai jamais eu. Ils l'ont fait eux eux-mêmes. Il s'agit d'une de mes photos, alors j'avais 22 ans que Natatsha a reproduite en dessin, accompagnée de beaux poèmes écrits par elle et Max. Ils l'ont encadrée et Max m'a offert une broche qui représentait une girafe. J'étais très heureuse de ces cadeaux. Je les ai remerciés en leur donnant des câlins.

Revenons à d'aujourd'hui et au sujet de mon état dépressif. Aujourd'hui, je ne sais pas si c'est à cause de la température, car il pleut depuis hier soir. Je ne peux rien écrire. Je pense que je vais faire une petite sieste, après ça ira sûrement.

Mardi 13 mai 1997 — Journal

J'ai réfléchi sur la raison pour laquelle j'étais déprimée hier. C'est parce que j'ai eu une dispute orageuse avec Jacques au téléphone. Cela a réveillé de mauvais souvenirs en moi. J'en ai parlé à Monique, la thérapeute. Elle m'a confirmé que c'était bien la cause de ma déprime.

J'ai beaucoup marché aujourd'hui, cela m'a fait du bien. Ma sœur Irène est revenue d'un voyage de Floride. Elle m'a parlé de son séjour là-bas et d'une amie qui était malade. J'ai bien écouté ses propos, ils me laissaient en fait indifférente. J'avais pour ma part tellement souffert, maintenant je commençais à m'en sortir. Par moments, je me sentais insensible aux autres. Que Dieu me pardonne, c'était ainsi. Mais pour ma famille, ce n'est pas la même chose. Ces jours-ci, je m'inquiétais beaucoup pour ma fille à cause de sa grossesse.

Mercredi 14 mai 1997 — Journal

Ce matin, je me suis réveillée à 7 heures 45. Pour moi, c'était un peu tard. Je n'ai pas connu une bonne nuit. J'ai fait beaucoup des cauchemars dont je ne me souviens même pas. Je suis allée à la messe. Ma sœur Irène m'a appelée pour me parler encore de la maladie de l'amie en Floride et d'autres sujets qui ne me concernaient pas. C'est triste pour les gens, mais moi, qu'est-ce que je pouvais faire pour eux dans l'état où je me trouvais ?

Je me suis rendue à la piscine. Puis je suis allée dîner. De retour dans ma chambre, e me suis sentie de nouveau angoissée. Je me suis grondée : « Enice, reprends-toi, tu as de bons livres à lire, tu peux dessiner et aussi tu peux écrire. Car, tu as tellement des choses à raconter !

Alors, je me suis mise à écrire au sujet de mon enfance, de la mort de ma mère. Quand le téléphone a sonné, c'était ma sœur Irène qui m'appelait. J'étais plongée profondément dans les événements entourant la mort de ma mère, au point où j'ai sursauté à la sonnerie du téléphone. Ma sœur m'a demandé ce que je faisais. Je lui ai répondu que j'écrivais. S'étant aperçue que j'étais préoccupée, elle m'a soufflé : je te laisse. Je te rappellerai, et a aussitôt raccroché.

J'ai alors arrêté d'écrire. Je ne pouvais plus continuer. Je me suis plutôt mise à dessiner. Après le souper, je me suis installée à mon bureau pour lire un livre très intéressant : Au nom de tous les miens, de l'auteur Martin Gray. Vers 19 heures, ma sœur m'a appelée pour me prévenir, qu'elle viendrait me voir à 20 heures. À *son arrivée, elle m'a invitée à l'accompagner à un petit salon de thé du nom de Kilo à la rue Saint-Laurent, pour prendre un thé et du gâteau. J'ai dégusté un bon morceau de gâteau au fromage aux trois fruits, mon préféré, et elle en a choisi un aux fraises. Nous sommes restées une heure à parler de tout et de rien. Pas un mot sur Jacques. J'étais contente et heureuse de ma soirée, elle aussi. Elle m'a ensuite déposée au couvent et elle a continué à pied.*

Il était 22 heures 30. Trente minutes plus tard, j'ai téléphoné chez ma sœur pour vérifier qu'elle était bien arrivée. Je me suis préparée pour dormir. Ma fille m'a appelée pour confirmer notre rendez-vous du lendemain, car je devais aller avec elle à son rendez-vous médical, pour le suivi de sa grossesse. Elle était rendue à sept mois.

Vendredi 15 décembre — Journal

J'ai passé un merveilleux mois de mai au couvent. Vu que Natatsha ne se portait pas bien durant sa grossesse, j'allais la voir très souvent. Et parfois, je restais couchée chez elle quand son mari travaillait tard le soir. Le médecin nous avait recommandé de la surveiller parce que, l'enfant nous avait-il signalé ne se portait pas bien.

Malgré tout cela, j'ai continué à aller en thérapie. Le traitement me faisait du bien. Je ne pouvais pas écrire et en même temps sortir avec ma sœur aussi souvent qu'avant. Avec tous ces va-et-vient, je ressentais une grande fatigue. Au moins, je n'avais de comptes à rendre à personne. Je me souviens qu'un matin, je me sentais très déterminée. J'avais envie de changer vraiment, d'être tout à fait autonome.

Voici ce que j'ai écrit ce matin-là dans mon journal

Vendredi 22 mai 1997 — Journal

Je suis debout. Je regarde le tableau que mes enfants m'ont offert à la fête des Mères. Je me mets à parler à cette Enice du portrait : « Enice à l'âge de 22 ans. Jeune, fraîche, innocente, sensible, mais forte et optimiste. Durant 30 ans, je me suis laissé écraser et humilier par deux hommes, Tony et Jacques. Maintenant que ma fille et mon fils t'ont recréée, ne te laisse plus aplatir par personne. » Après avoir parlé à mon portrait, je me mets à parler à moi-même : « Moi, Enice au présent, je veux être comme autrefois, prête à foncer dans la vie. Je veux être quelqu'un pour moi. Je veux penser à moi. Je veux être autonome. Je veux travailler pour avoir de l'argent en vue de venir en aide aux femmes battues et humiliées. Je veux sortir quand je veux. Voyager, voir d'autres pays et d'autres gens. Je n'aime pas être enfermée. Je sens que je peux. »

Je me suis donné le but, qu'un jour je serais fière de moi. Je n'ai pas besoin que les autres soient fiers de moi. Je ferai tout cela juste pour moi. Pour mes enfants, je suis déjà fière d'eux et je remercie Dieu pour tout et je sais qu'il va m'aider à atteindre mon but. J'ai beaucoup estimé que ma fille m'ait recréée avec l'aide de mon fils et qu'ils aient écrit ces beaux poèmes en mon honneur. Je les en remercie.

Une femme Parmi tant d'autres écrit, par Enice Toussaint

Est le deuxième Tome d'une série de quatre Tome,

Publiés par

Édition Nouveau Siècle

ENS Publishing

Pour information, contact Natatsha Casimir

Visité notre site internet: www.enspublishing.com

Courriel: ediontionsens@gmail.com

www.ingramcontent.com/pod-product-compliance
Lightning Source LLC
Chambersburg PA
CBHW061231070526
44584CB00030B/4078